© 2017 Ingo Körner

Illustration: Dr. Angela Kurylas-Schneider

Verlag: tredition GmbH, Hamburg

ISBN

978-3-7439-8344-1   (Paperback)
978-3-7439-8345-8   (Hardcover)
978-3-7439-8346-5   (e-Book)

Printed in Germany

Ingo Körner

Los mit lustig

So bringen wir Spaß und
Produktivität in unsere Büros

Für Dr.-Ing. Manfred Marquering,
mit dem alles begann.

Vorwort

Die Idee zu diesem Buch entstand mit den Beratungserfolgen im Jahr 2017. Der Buchtitel geht zurück auf den Kommentar einer Kundin am Ende ihres ersten Tages mit neuen Arbeitsweisen:

Ich kann mich nicht erinnern, wann ich zum letzten Mal so einen lustigen Arbeitstag hatte.

Drei Tage lang geisterte das ungleiche Wortpaar „lustig" und „Arbeit" in meinem Kopf umher, bis ich erkannte, dass es das Zeug zu mehr hat.

Die digitale Zeit bietet einzigartige Rahmenbedingungen. Unser Leben wird immer vielfältiger, gleichzeitig nimmt das Bombardement mit Reizen, Nachrichten und Aufgaben und nehmen die Ansprüche an uns immer weiter zu. Ist uns eigentlich bewusst, dass wir inzwischen alle 3, 5, 8 Minuten - je nachdem welcher Studie wir Glauben schenken wollen - durch irgendetwas bei unserer Arbeit gestört werden? Nicht zuletzt deshalb sind „dafür habe ich keine Zeit", „dazu komme ich nicht" und „das habe ich nicht geschafft" zu den universalen Mantras unserer Zeit geworden. Sie verschaffen uns kurzfristig Erleichterung, bevor die nächste Welle eintrifft. Aber sie helfen uns nicht dabei, zufrieden zu sein und endlich Spaß an der Arbeit zu haben.

Da müssen wir schon anders an die Sache rangehen. Die Lösungen, wieder mehr Zeit zu haben und all das machen zu können, was wir uns vornehmen, liegen seit langem auf der Hand und dennoch schauen wir nicht hin. Zum einen verdeckt die gute Konjunktur ein Stück weit die Notwendigkeit, uns weiterzuentwickeln, zum anderen erwarten wir die Heilung aus der falschen Richtung. Neulich konnte ich ein Gespräch unter Kollegen verfolgen, bei dem einer sagte „wir haben ein Kommunikationsproblem" und der andere entgegnete „dann müssen wir mal eine App suchen, die uns dabei hilft."

Heute gibt es für alles eine App und wir sprechen darüber, welche was kann, aber wir diskutieren nicht die eigentlichen Probleme und stellen damit auch nicht mehr die Frage, ob die Lösung überhaupt zum Problem passt. Und um es vorweg zu nehmen: Nein, es gibt noch keine App, die die Probleme in unseren Büros lösen kann (mal unabhängig davon, was die Hersteller behaupten würden). Das ist eine sehr gute Nachricht, denn wir müssen nicht auf irgendeine technische Entwicklung warten. Und noch viel besser, wir haben es selber in der Hand. Der Schlüssel liegt allein darin, wie wir unsere Aufgaben sehen und mit ihnen umgehen. An dieser Stelle möchte ich Ihnen deshalb eine ganz persönliche Frage stellen:

Können Sie sich vorstellen, dass die Lösung all unserer Probleme eigentlich ganz einfach ist?

Auf der Suche nach der Antwort folgen wir Lila Leiter durch ihr Arbeitsleben. Sie ist jung, motiviert und seit einiger Zeit Führungskraft eines kleinen Teams. Seit dem Tag ihrer Beförderung hat sie das Gefühl, schrittweise die Kontrolle über ihren Alltag zu verlieren. Dauernd ist irgendetwas, sie kommt zu nichts. Sie ist unzufrieden mit sich und ihrem Arbeitsleben und irgendwann beginnen das auch ihre Mitarbeiter, ihre Kollegen und ihr Chef zu spüren. Durch einen glücklichen Umstand erfährt sie alles über die hinter den Symptomen liegenden Ursachen und weiß danach, was zu tun ist. Aber erleben wir gemeinsam, wie Spaß und Produktivität wieder Einzug in den Alltag ihres Teams erhalten.

Inhaltsverzeichnis

Prolog - der Krieg in unseren Büros

Lila Leiter wollte nach der Schule eigentlich etwas Krea-
tives machen. Aber das war ihren Eltern nicht handfest
genug. So begann sie eine Ausbildung zur Industriekauf-
frau bei der größten Firma in ihrer Stadt. Bald merkte sie,
dass sie in ihrem Ehrgeiz einen starken Verbündeten
hatte. Sie lieferte zuverlässig gute Ergebnisse, arbeitete
vorausschauend und konnte sich manches Mal auch dem
einen oder anderen Thema widmen, das sie besonders
interessierte. Als ihr Chef die Firma verließ - das war kurz
nach Lilas 30. Geburtstag - wurde sie mancher Diskussion
mit der Personalabteilung zum Trotz zu seiner Nachfolge-
rin befördert.

Über Nacht leitete sie die gesamte Auftragsabwicklung
der Firma und wurde zur Chefin ihrer fünf bisherigen Kollegen. Ihr Lebenspartner, seinerseits ebenfalls sehr erfolgreich und an diesem Tag geschäftlich in Südostasien
unterwegs, freute sich sehr mit ihr. Umgehend stürzte sie
sich in die Arbeit. Aber erstmals hatte sie nicht mehr „ihr
Arbeitsgebiet" und ihre eigenen Aufgaben. Ihr Schreib-
tisch war schon seit dem Ende ihrer Ausbildung abends
nicht mehr leer gewesen. Nun aber wusste sie, dass in den
Aufgabenbergen ihrer Abteilung verspätete Rechnungen,
Zahlungen, Auslieferungen und manche Kundenbe-
schwerde schlummerten. Sie hatte das Gefühl, es keinem
mehr recht machen zu können. Sie wurde ständig gestört,

Krisen, Rückfragen ihrer Mitarbeiter, Telefonate, der Vertrieb usw. usw. Sie machte immer mehr Überstunden und ging immer unzufriedener nach Hause.

Nur wenig später sagte ihr Chef eines Abends zu ihr: „Nehmen Sie eine Auszeit, fahren Sie in den Urlaub, am besten sofort. Die nächsten zwei Wochen möchte ich Sie hier nicht sehen." Lila versuchte zu protestieren, „aber es ist doch Januar." Ihr Chef lachte und sagte, „fahren Sie nach Mallorca, da ist es um diese Zeit schön leer."

An diesem Tag verließ Lila gedrückt das Büro. Es fühlte sich wie eine Niederlage an, und auf der anderen Seite wusste Sie, dass es so nicht weitergehen konnte. Abends buchte sie eine Reise und tatsächlich gab es für Mallorca extrem günstige Angebote. Nur 15 Grad, aber das war ihr letztlich egal. Am nächsten Tag fuhr sie zum Flughafen und flog der blassen Wintersonne entgegen.

Am ersten Morgen wachte sie auf und freute sich, dass die Sonne tatsächlich in ihr Zimmer lächelte. Kurz dachte sie an die Arbeit und an zu Hause, dann entspannte sie sich wieder und glitt langsam dem Tag entgegen. Sie zog sich an und machte sich auf den Weg zum Frühstücksraum. Dort saßen nur ältere Leute, sie suchte gezielt nach Gästen in ihrem Alter, aber Fehlanzeige.

So holte sie sich ein wenig Obst und Müsli und setzte sich zu einem älteren Paar an den Tisch. Sie wirkten vertraut miteinander, gepflegt und Lila schätzte beide auf Anfang siebzig. Es dauerte nicht lange, dann sprach der Mann sie an: Ich heiße Benno Büroni und das ist meine Frau Bella.

Lila stellte sich vor und auf die Frage des älteren Herren, was sie denn so mache, erzählte sie von ihrer Beförderung und dass sie gerade eine berufliche Auszeit nehme.

Benno Büroni lächelte sie freundlich an: Das kenne ich, auch ich wusste an einem Punkt in meinem Leben nicht mehr ein noch aus vor lauter Arbeit. Dann habe ich nach Auswegen gesucht und als ich sie gefunden hatte, wurde es meine Leidenschaft, Leuten wie Ihnen als Unternehmensberater meine Erfahrungen weiterzugeben. Ich habe vielen geholfen, ihre Arbeit unter Kontrolle zu bringen und ihnen *den* Weg gezeigt, der direkt vom Hamsterrad ins Paradies führt, wie ich damals gerne gesagt habe.

Das hat mir sehr viel Spaß gemacht und jetzt, wo ich mit meiner Frau den Ruhestand genieße, vermisse ich es jeden Tag. Ich mache Ihnen einen Vorschlag, lassen Sie uns jeden Morgen gemeinsam um neun Uhr frühstücken. Dann stellen Sie mir eine Frage, die Sie interessiert. Ich erzähle von meinen Erfahrungen, das wird wie eine Zeitreise für mich sein. Und Ihnen hilft es vielleicht weiter. Was halten Sie davon?

Lila fand, so würde sie zwar mehr an die Arbeit denken, als sie eigentlich beabsichtigt hatte. Andererseits konnte sie ja nur gewinnen. Wer weiß, was der nette ältere Herr so zu erzählen weiß, dachte sie bei sich. Vielleicht hat er nur gut reden und keine Ahnung, wie stressig es bei mir in der Firma zugeht.

Am Ende stimmte sie zu. Benno und Bella boten ihr das „Du" an und kurz darauf beendeten alle ihr Frühstück und verabschiedeten sich für diesen Tag voneinander. Benno wollte mit seiner Frau einen Ausflug in die Berge machen. Und Lila hatte den Wunsch, ziellos am Strand entlang zu streifen und an nichts anderes zu denken als an das Meer.

Am folgenden Tag trafen sie sich wie verabredet beim Frühstück und Lila hatte sich vorgenommen, das erste gemeinsame Gespräch mit einer selbstbewussten Behauptung zu beginnen.

Lila setzte sich zu den Büronis an den Tisch und eröffnete das Gespräch: Ich denke, unser Hauptproblem ist, dass die Prozesse nicht funktionieren und Verantwortlichkeiten nicht geklärt sind. Kennst Du das?

#1 Das ganze Leben ist ein Keks

Benno lachte, so beginnen schon seit vielen Jahren die allermeisten Gespräche. Du glaubst nicht, wie häufig ich das zu hören bekommen habe: Prozesse hier, Prozesse da. Gerade in großen Firmen diskutieren sie immerzu Prozesse. Wollen sie verbessern oder modernisieren oder mehr davon ins Leben rufen, um Ordnung zu schaffen. Dabei sind Prozesse nur statische Ketten, mehr oder minder detailliert festgelegte feste Abfolgen von Aufgaben, die immer wieder nacheinander erledigt werden sollen, wenn wir ein Produkt erzeugen. Fast genauso gerne reden wir über Verantwortlichkeiten oder Verantwortung. Dabei gibt es Verantwortung für sich genommen überhaupt nicht. Verantwortung hat man immer und automatisch nur für die Erledigung der Aufgaben, die man übernommen hat.

Hast Du beispielsweise die Aufgabe übernommen, heute für Deine Familie das Mittagessen zu kochen, bist Du verantwortlich dafür, dass Du eine genießbare, mitunter auch gesunde Mahlzeit in hinreichender Menge und zur richtigen Zeit auf den Tisch bringst. Das ist die Verantwortung, die zu dieser Aufgabe gehört. Wir vergessen das meist, weil wir irgendwann angefangen haben, Aufgaben inhaltlich in Handlungsabschnitte zu zerlegen und auf mehrere Personen zu verteilen. Und mit dem Taylorismus[1] obendrein noch Denken und Handeln bei einer Aufgabe voneinander zu trennen: Du hast zwar die Aufgabe, zu kochen, aber Dein Chef entscheidet, welches Gericht es geben wird, welche Handgriffe Du zu tun hast und welche Deine Kollegen übernehmen. Da sind Irritationen vorprogrammiert, z.B. wenn der Topf überkocht und überraschend neue Handgriffe erforderlich werden.

Also wird klar, sowohl bei Prozessen als auch bei Verantwortlichkeiten geht es eigentlich um Aufgaben. Aufgaben sind die universelle Währung unseres Lebens sowie unserer Arbeitswelten, für sie erzeugen wir Prozesse, die uns Orientierung geben, was der jeweils nächste Schritt sein soll. Für sie können wir Verantwortung haben und für sie schaffen wir Stellenbeschreibungen, um festzulegen, wer genau was tun soll. Wovon das abhängt, ob diese Schritte überhaupt helfen können, unsere Aufgaben zuverlässig zu erledigen, davon erzähle ich Dir an einem anderen Tag. Lass uns lieber erst einmal über Aufgaben sprechen.

---

[1] Gemeint sind die auf Frederick Winslow Taylor zurückgehenden Prinzipien, nach denen seit dem frühen 20. Jahrhundert industrielle Massenfertigung organisiert wird.

Denn mit Aufgaben ist das nicht ganz einfach: Jedes unserer Produkte ist für sich gesehen eine Aufgabe. Auch unser Leben insgesamt, eine Hochzeit oder eine Masterarbeit sind Aufgaben. Allerdings würde es uns schwerfallen, so umfangreiche Aufgaben zu beschreiben, richtig einzuschätzen oder sogar zu erledigen. Deshalb zerlegen wir sie. Ebenso wie wir immer kleinere Krümel erhalten, je häufiger wir auf einen Keks schlagen, können wir Aufgaben immer weiter zerlegen, bis sie aus nichts Weiterem mehr bestehen als einem einzelnen Gedanken oder Handgriff.

Die wichtigste aller Fragen ist deshalb, auf welcher Detail-Ebene wir welche Aufgaben organisieren wollen, um nicht den Überblick zu verlieren, und wieviel Umfang eine einzelne Aufgabe im Normalfall haben soll. Nach unten hin ist das klar: Keine organisierte Aufgabe darf weniger als zwei Minuten in Anspruch nehmen, denn dann ist die sofortige Erledigung immer der wie auch immer gearteten Verwaltung vorzuziehen. Nach oben hin sollte eine Aufgabe nicht umfangreicher sein als das übliche Zeitfenster, in dem eine Aufgabe ohne Unterbrechungen erledigt werden kann bzw. für die man noch verlässlich den Zeitbedarf zur Erledigung schätzen kann. Es könnte deshalb angeraten sein, den maximalen Zeitwert einer konkreten Aufgabe auf ein bis zwei Stunden, maximal aber einen Tag festzulegen.

Für mehrwöchige Aufgaben wie ein Projekt, ein Konzept oder eine Kampagne ist es angeraten, sie zu zerlegen, bis wir Teilaufgaben erhalten, die jeweils in einem Zug erledigt werden können, und im Verlauf nur jeweils die aktuellen Teilaufgaben zu betrachten. Denn das ist eigentlich das Problem: Meist verteilen sich unsere Aufgaben auf dem Zeitstrahl, dauern unterschiedlich lange, sind zum Teil voneinander abhängig und wir verhaspeln uns dabei, den Überblick über den Zeitfaktor zu bewahren. Aber davon kann ich Dir ja morgen erzählen…

Lila: Gestern haben wir über Aufgaben gesprochen. Ich habe darüber nachgedacht, ich habe viel zu viele davon und schaffe es nicht, den Überblick über alle zu behalten. Da hast Du vorgeschlagen, jeweils nur die aktuellen Aufgaben anzuschauen. Wie mache ich das, ohne etwas zu vergessen?

#2 Alles bedeutet nichts

Benno überlegte einen Moment, dann begann er zu erzählen: Mit dem technischen Fortschritt kam die Verheißung, uns nicht mehr beschränken zu müssen. Endlich können wir - heutzutage sogar in der grenzenlosen Cloud - alle unsere Daten speichern, und es gibt nicht wenige Apps, die damit werben, „auch…" zu können. In unseren Unternehmen führen wir vollständige Listen und haben für *alles* Prozesse, Kennzahlen und Checklisten. Wir sind im *alles*-Zeitalter, in dem wir versuchen, immer ausgefeilter und vor allen Dingen *alles* zu verwalten.

Letztlich ist es die ingenieursmäßige Jagd nach der nächsten und nächsten Stufe sowie die Aussicht, am Ende *alles* technisch regeln und steuern zu können, die uns stets nur nach der Erweiterung unserer Möglichkeiten Ausschau halten lässt. Weglassen? Wegwerfen? Löschen? Auswählen? Das haben wir doch (technisch gesehen) gar nicht mehr nötig.

Dabei wäre das nur allzu menschlich: Schließlich weiß sich schon unser Gehirn von Natur aus durch Vergessen vor Überlastung zu schützen. Seien wir ehrlich: Wollen wir wirklich bei Google alle Treffer lesen? Interessieren wir uns jemals wirklich für alle Aufgaben im Projektplan? Nein, natürlich nicht, wir lieben nur das Gefühl der Vollständigkeit, weil es uns Sicherheit vermittelt. Gerade weil wir es gar nicht verarbeiten können, ist es ein Denkfehler, zu glauben, dass wir allein dadurch mehr Ordnung schaffen, dass wir nur immer vollständiger, präziser und exakter planen und arbeiten.[2]

Die wahre Herausforderung unserer Zeit besteht darin, uns zu beschränken, zu fokussieren auf das, was genau hier und jetzt relevant ist. Deshalb ist es so wichtig, unsere vollständigen und unübersichtlichen To-do-Listen daraufhin zu untersuchen. Denn genau hier liegt die größte aller

---

[2] Ein bekanntes Beispiel sind sogenannte „Burger-Menüs" im Internet: Früher hatten Homepages eine Menüzeile. Dann wollten wir immer mehr unterbringen, bis der Platz nicht mehr ausreichte. Statt eine Auswahl zu treffen, wurde das Burger-Menü - ein Symbol aus mehreren Strichen - erfunden, hinter dem sich nicht selten mehrere Bildschirme voller Auswahlpunkte verbergen. So müssen wir alle einen unnützen Click mehr gehen und werden dann erschlagen von unübersichtlichen Listen. Eine Lösung, die vielleicht vollständig, aber nicht frei von Verschwendung ist.

Verheißungen: Schaffen wir es, unseren Blick auf etwa fünf bis zehn aktuelle Aufgaben zu reduzieren, ist unser Bauch bzw. unser Unterbewusstsein wieder in der Lage, intuitiv zu priorisieren, ohne Eisenhower-Zirkus oder irgendwelche elektronischen Hilfsmittel, allein durch Vergleich entlang der Kriterien Wichtigkeit, Dauer, Unsicherheit der Bearbeitung und negative Konsequenzen bei Verspätung. So wie wir das im privaten Umfeld andauernd tun.

Aber selbst, wenn wir das nicht schaffen, in den allermeisten Fällen können wir nach zehn bis fünfzehn Aufgaben aufhören, wenn wir nach denen suchen, die für die einzig relevante Entscheidung „was tue ich als Nächstes?" tatsächlich in Frage kommen. Die allermeisten unserer übrigen Aufgaben können wir später angehen oder sie traten mal zur Bewältigung einer akuten Krise, als Verbesserungsvorschläge bzw. als gute Vorsätze in unser Leben, haben mittlerweile Grünspan angesetzt und taugen allerhöchstens noch als Lückenfüller für den unwahrscheinlichen Fall, dass wir mal Zeit oder etwas weniger zu tun haben.

In jedem Fall ist es hilfreich, sich bewusst zu machen, dass die jederzeitige vollständige Verwaltung von allem (was naturgemäß mit der Zeit immer mehr wird) keine Lösung ist. Wir brauchen keine riesige Landkarte, auf der alles vollständig und fein säuberlich verzeichnet und exakt hintereinander aufgereiht ist, um die Dinge in der richtigen Reihenfolge zu tun. Tatsächlich ist das Leben nur eine lange Kette von Einzelentscheidungen über die jeweils nächste Sache, die wir angehen. Der Schlüssel dafür, den Überblick zu behalten, ist also, Wege zu finden, Dinge wegzuwerfen, zu löschen oder aus der Betrachtung auszublenden. Aber davon erzähle ich Dir morgen mehr...

Lila fand zunehmend Gefallen am morgendlichen Austausch mit Benno und wurde jeden Tag neugieriger: Gestern haben wir darüber gesprochen, uns nur auf bestimmte Aufgaben zu konzentrieren. Dabei kann mir doch eine App oder das EDV-System helfen, oder?

#3 Nicht nur in Eiern stecken Überraschungen - wie wir die Welt mit zwei Augen sehen

Schauen wir uns unsere betrieblichen Aufgaben genauer an, unterscheiden sie sich nicht nur in kleine und große sowie in jetzt und später relevante, sondern in genau einer organisatorisch wichtigen Weise: Es gibt Aufgaben, die immer wieder gleich sind, z.B. 3.000 Autos am Tag zu montieren, und solche, bei denen mindestens ein Detail so noch nicht da war, beispielsweise bei einem kundenspezifischen Konzept. Es ist ganz wichtig, dass Du den Unterschied zwischen beiden kennst.

Das ist deshalb relevant, weil sich für identisch wiederkehrende Aufgaben aus dem vorhandenen Wissen Prozesse - feste Abfolgen von Tätigkeiten oder Einzelaufgaben - bilden lassen. Hier gibt es keine Abweichungen von der Norm, hier ist die Heimat von zunächst Standardisierung und später Automatisierung. Und genau der Teil ist neu: In der Vergangenheit wurden zwar Prozesse festgelegt, aber gerne auch Ausnahmen gemacht bzw. toleriert. Meist für den Kunden und mit Billigung der Geschäftsführung. Wobei die Ausnahmen die Automatisierung verkompliziert und auch ansonsten für reichlich Chaos gesorgt haben.

Zukünftig gibt es für fast jeden Standardprozess perfekt organisierte und extrem günstige Experten am Markt, die Maßstäbe setzen und auch uns zwingen, den Weg bis zum bitteren Ende zu gehen, jegliche verbleibende Überraschung vorzudenken und durch Vorkehrungen auszuschließen. Ähnlich wie wir das bereits heute vom großen Internetversandhändler, Servicecentern und Konfiguratoren kennen. Und dann werden - aus Sicht Deiner Mitarbeiter *leider* - diese Aufgaben ohne Wenn und Aber einer Maschine oder gleich den Spezialfirmen mit den Musterprozessen übertragen werden.

Bei wiederkehrenden Aufgaben sind Maschinen gut, hier lohnt es, sie zu programmieren, und hier sind sie uns weit überlegen. Wir Menschen übernehmen bei dieser Form der Arbeitsteilung die Programmierung und Weiterentwicklung der Maschinenprozesse, die Kombination mit anderen Maschinenprozessen sowie die Übergänge zu vor- und nachgelagerten Menschenaufgaben. Dass wir diesen wiederkehrenden Teil unserer Arbeit an Maschinen verlieren, ist erstmal nicht schlimm, denn die Effizienzgewinne kommen unseren Kunden zugute und die verbleibende Arbeit ist umso höherwertiger und besser bezahlt.

Aber was noch wichtiger ist: Mit der globalen Vernetzung haben wir immer mehr Verbindungen zu unserer Umwelt und damit viel mehr Anlässe, aufgrund derer sich Dinge ändern. Wir nehmen sie in Form von Überraschungen wahr: Neue Kunden, neue Produkte, Extrawünsche, neue Länder, neue Lieferzeitanforderungen oder schlichtweg neue Ansprechpartner, ungekannte Schwankungen oder Auftragswellen. Vielleicht auch Kunden, die uns verlassen. Die Liste der Dinge, die so noch nicht dagewesen sind und uns überraschen können, ist nahezu unendlich. Das gilt indirekt auch für viele auf den ersten Blick immer gleiche Tätigkeiten, wie den Monatsabschluss, wenn mit den Veränderungen unserer Umwelt die Zahlen so noch nicht da waren und einer vertieften Analyse oder besonderer Erklärungen bedürfen.

Spätestens da, wo wir miteinander arbeiten und es zu menscheln beginnt, haben wir es nicht mehr mit wiederkehrenden Aufgaben zu tun, da entsteht Neues, immerzu. Da bedarf es Fingerspitzengefühl, Empathie und Kommunikation und es kann in Abhängigkeit der Beteiligten und ihrer Tagesform sehr Unterschiedliches passieren.

In all diesen Fällen kennen wir das Besondere im Vorfeld nicht und können deshalb auch noch keinen Prozess hierfür erstellt haben. Wir erkennen solche Situationen daran, dass Konflikte entstehen oder unsere Mitarbeiter ratlos fragen, was sie denn jetzt tun sollen. Für das, was noch nicht da war, braucht es nämlich Ideen, wie wir damit am besten umgehen. Und zwar in dem Moment, in dem es auftritt. Im Idealfall können wir dann eine vorhandene Lösung wiederverwenden oder auf ihr aufbauen. Meist unterscheiden sich Überraschungen aber so stark, dass wir von Neuem darauf angewiesen sind, eine passende Lösung zu finden.

Und so natürlich wie das vorkommt, haben wir für diese Aufgaben ebenfalls einen organisatorischen Ansatz: Wir organisieren sie in Projekten.

Projekte sind ganz anders als Prozesse: Es gibt statt eindeutiger Vorgaben über die nächste Handlung nur allgemeine Teamrollen und Regeln, welcher Rolleninhaber mit welchem anderen nach einer Lösung suchen sollte. Und während Aufgaben in der wiederkehrend gleichen Prozesswelt bekannt sind, mit einem neuen Auftrag automatisch erzeugt und in einem EDV-System verwaltet werden, müssen wir in Projekten unsere Aufgaben überwiegend manuell notieren, in gemeinsamen Arbeitsvorräten verwalten, bewerten und dafür sorgen, dass sie rechtzeitig erledigt werden.

Insgesamt ist Orientierung in Projektumgebungen viel weicher organisiert, weniger ingenieursmäßig mit festen linearen Zusammenhängen, mehr nach grundlegenden

Prinzipien, die nach Bedarf anders ausgelegt werden können. Projektorganisation ähnelt damit mehr der Organisation eines Insektenvolks als der einer Maschine. Selbst wenn alle scheinbar wild durcheinanderfliegen, sorgen tiefer gehende Grundregeln dafür, dass Kollisionen ausbleiben und die gemeinsamen Ziele erreicht werden.

Und jetzt kommt der Clou: Solange nicht alles, was wiederkehrend gleich und automatisierbar ist, schon automatisiert ist, besteht unser Leben wie unser Arbeitsumfeld aus beiden, wiederkehrend gleichen und überraschenden Aufgaben. Damit müssen wir privat beides können: Zähne putzen und den nächsten Urlaub planen. Und eine erfolgreiche Firma muss über beides verfügen, gute automatisierte Maschinenprozesse *und* eine Projektorganisation, die den Beteiligten hilft, sich bei allen Überraschungen und bei Neuem zu orientieren und zügig sowie ohne Verschwendung zu guten Lösungen zu kommen. Damit müssen sich langfristig *alle* Firmen ein Stück weit genauso organisieren, wie es traditionell nur Start-ups oder Einzelfertiger taten.

Wenn Du jetzt hoffst, dass Dir Standardisierung, Prozesse, Apps oder EDV-Systeme bei diesem Schritt helfen, verkennst Du, dass durch die technischen Hilfsmittel genau der Teil unserer Aufgaben, der sich mit ihnen regeln lässt, immer weniger werden wird. Und mit dem Neuen und den Überraschungen tritt etwas in unser Leben, was alles verändert: Der Arbeitsanfall schwankt immer mehr und keiner kann mehr vorhersehen, wer wann wieviel Arbeit haben wird, und es wird unmöglich sein, dadurch Stabilität zu erreichen, dass wir die Aufgaben und Verantwortlichkeiten von jedem nur immer exakter beschreiben. Benno schaute auf und lächelte: Es ist schon spät, lass uns morgen weitersprechen.

***

Exkurs: Ein Sprichwort, das wahlweise als eines unbekannten deutschen bzw. italienischen Ursprungs zitiert wird, lautet:

Wer keine Zeit hat, ist ärmer als der ärmste Bettler.

***

Lila: Welche Auswirkungen hat denn schwankender Arbeitsanfall?

#4 Zombies in der Spielothek

Die bestimmenden Faktoren unserer Arbeitswelt sind Spezialisierung und starre Kapazitäten. Das kommt daher, dass die allermeisten Unternehmen aus dem industriellen Zeitalter stammen (oder sich dank Benchmarks wie solche verhalten). Damals waren feste Produktionsmengen vorherrschend, gute Pläne sahen für das jeweils nächste Jahr zwei bis drei Prozent Wachstum vor und Produktivitätssteigerungen wurden durch gleichzeitige Personalstabilität oder manchmal auch Personalabbau erreicht. Es ging darum, die vorhandenen Mitarbeiter an der Arbeit zu halten und mit ihnen immer ein bisschen mehr von demselben zu produzieren.

Um besonders effizient zu sein, begannen die Menschen schon in den Manufakturen, arbeitsteilig zu arbeiten. D.h. eine Gesamtaufgabe wurde zerlegt und an verschiedenen Arbeitsplätzen erledigt, an denen jeder nur wenige standardisierte Handgriffe auszuführen hatte. Später wurde alles gemessen und aufeinander abgestimmt. Die Spezialisierung auf einzelne Handgriffe erwies sich als produktiv und Nebenwirkungen wie Langeweile wurden unter anderem mit Akkordzuschlägen übersteuert. Seitdem hat jeder seine festen Aufgaben.

Als sich immer mehr Wertschöpfung in die Büros verlagerte, machten wir einen entscheidenden Fehler: Wir organisierten Wertschöpfung von Denkarbeit so, wie wir es von der Fabrikarbeit her kannten. Wir zerlegten Arbeit, bildeten Prozesse mit naturgemäß dann eher abstrakten Aufgaben („Bauteil konstruieren", „Kreditvertrag prüfen") und schufen ebenfalls Stellen mit einem festen Aufgabenspektrum. Dabei ist Denkarbeit immer anders, spätestens, wenn wir kreativ sind oder mit anderen Menschen zusammenarbeiten. Aber so hatte schließlich auch hier jeder „seine" Aufgaben. Und die trug er wie ein Schild vor sich her. Und wenn die Firma wuchs und ihm die Arbeit zu viel wurde, dann stöhnte er besonders laut über seine Arbeitslast, und wenn wir des Stöhnens müde waren, stellten wir einen weiteren Mitarbeiter ein, dem er einen Teil seiner Aufgaben abgab. Ich habe diesen unnatürlichen Vorgang früher „kalben" genannt.

Aus der Produktion übernahmen wir auch die Trennung von Denken und Handeln. Führungskräfte hatten die Aufgabe, zu denken, Entscheidungen zu treffen und die Arbeit auf die Mitarbeiter zu verteilen. Dabei machte die Spezialisierung die Verteilung zum Kinderspiel. Jeder wusste, wer was zu tun hatte und welche Aufgaben er an wen weitergeben konnte. Einzige Ausnahme waren besonders unbeliebte Aufgaben, die niemand so richtig gerne in seinem Repertoire führte. Nach einer gehörigen Portion Schwarzer Peter landeten sie immer beim dienstjüngsten oder gutmütigsten Teammitglied. Manchmal sprach auch der Chef ein Machtwort.

Bei aller Effizienz hat Spezialisierung leider einige unschöne Nebeneffekte, die wir billigend in Kauf nahmen: Wenn eine Person immer dieselben Aufgaben löst, ist nicht sichergestellt, dass sie überhaupt noch motiviert ist und sorgfältig arbeitet. Genauso wenig können sich durch Übung gewonnene Kompetenzen im Kollegium verbreiten oder kann überhaupt Neues entstehen. Nicht nur neue Produktergebnisse, sondern auch neue Wege werden damit extrem unwahrscheinlich. Und wenn Spezialisten ein paar Tage abwesend sind, kommt ihre Arbeit komplett zum Erliegen.

Aber die größte Nebenwirkung spezialisierter Arbeitsteilung ist der Büroautismus, denn Ergebnisse werden kommentarlos oder elektronisch weitergegeben und Kommunikation wird zur Ausnahme. Bei großen Unternehmen erfolgt die Weitergabe bereits über tote Briefkästen in der Cloud, womit wir endgültig zu Büro-Zombis mutieren.

Die Nichtkommunikation wurde erst wirklich zum Problem, als der Anteil der Aufgaben, die Neues beinhalteten, zunahm. Sie konnten vielfach nur gemeinsam gelöst werden, was den Beteiligten unnatürlich vorkam. Es kam immer häufiger zu Ratlosigkeit, zum Ausspruch „dafür bin ich nicht zuständig" und gewissermaßen zu schwarzen Löchern der Nichterledigung, was ja logisch ist, denn neue Aufgaben können noch gar nicht dem Aufgabenspektrum eines Mitarbeiters zugeordnet sein. Genau deshalb rufen wir heute gerne danach, die Verantwortlichkeiten klarer zu regeln, wobei uns das nicht helfen würde, weil wir mit jeder neuen Aufgabe unsere Stellenbeschreibungen überarbeiten müssten. Kannst Du Dir vorstellen, was das für ein bürokratischer Wahnsinn wäre?

Noch schlimmer wurde es, als auch noch die Arbeitsmengen zu schwanken begannen. Weil Spezialistensysteme nur über individuelle Überstunden flexibel sind und weder in Teams noch mit zusätzlichen Mitarbeitern oder Partnerfirmen einen Kapazitätsausgleich herstellen können oder wollen, wurde die Arbeit zum Glücksspiel, zum Arbeitsbelastungsroulette. Und für viele sogar zum Einstieg in einen Teufelskreis: Stell Dir einen Spezialisten mit festen Aufgaben und schwankendem Arbeitsanfall vor. Ständig versuchen Kollegen oder Chefs, ihn dazu zu bewegen, weitere oder neue Aufgaben in seiner persönlichen Nische zu übernehmen, weil nur er sie besonders schnell und sicher erledigen kann. Wenn er ausnahmsweise weniger zu tun hat, als Zeit zur Verfügung steht, gönnt er sich vielleicht, besonders gründlich zu arbeiten, Liegengebliebenes zu erledigen oder ein wenig Abwechslung in sein Leben zu bringen.

Spannender ist aber der Normalfall, in dem er mehr zu tun hat, als Zeit vorhanden ist. Dann bilden sich Bestände, Aufgabenberge, die dazu führen, dass er bis zu 50% seiner Zeit verschwendet, weshalb er erst recht zu nichts kommt. Das lässt seinen Arbeitsrückstand noch weiter ansteigen. In dem Moment fühlen sich alle bestätigt, dass das Spiel überhaupt nur noch gewonnen werden kann, wenn ausschließlich derjenige neue Aufgaben übernimmt, der sie am schnellsten von allen erledigen kann, der Spezialist. Was dem Spezialisten-Kreislauf neuen Treibstoff gibt. Ein Trugschluss, wie ich Dir in den nächsten Tagen erläutern werde. Und deshalb leben die meisten Menschen über Jahre in einem Zustand mit unzähligen unerledigten Aufgaben, Überstunden und Unzufriedenheit, ohne einen Weg heraus zu finden.

Lila: Aber garantiert nicht erst ein Spezialist Höchstleistungen?

Natürlich kann ein Spezialist herausragende Leistungen vollbringen, wenn er für seinen speziellen Bereich Leidenschaft empfindet, seine Aufgaben ihn im richtigen Maß herausfordern und er die Zeit und Muße hat, sich mit anderen auszutauschen. Aber ein überlasteter Spezialist ist für jede Firma eine Belastung.

So, liebe Lila, jetzt habe ich mich wirklich verquatscht. Wir wollen heute nach Palma fahren, ich wünsche Dir einen schönen Tag, wir sehen uns morgen.

Lila: Wir haben gestern darüber gesprochen, dass sich unter bestimmten Bedingungen Bestände bilden. Das Wort habe ich bisher nur in anderen Zusammenhängen gelesen. Was ist damit gemeint?

#5 Berge sind nur im Gebirge schön

Wenn wir schwankende Mengen von Aufgaben mit teilweise neuen inhaltlichen Komponenten durch die Firma „schieben" - Englisch sagen wir „Push" - weil wir sie immer denselben spezialisierten Personen übertragen, kann deren Arbeitszeit nur zufällig zum Arbeitsanfall passen. Der Ausgleich erfolgt über die Liegezeit der Aufgaben, bevor sie bearbeitet werden. Die Summe aller offenen Aufgaben ist jeweils der Bestand eines Mitarbeiters. Der Bestand wäre für sich genommen noch kein allzu gravierendes Problem, wenn er nicht Verschwendung erzeugen würde, weshalb immer weniger Arbeitszeit produktiv genutzt werden kann und weshalb sich die Aufgabenberge immer höher auftürmen. Ein Teufelskreis. Fünfzig, einhundert, fünfhundert, mitunter auch mal fünftausend ungelesene E-Mails. Manche schauen überhaupt nicht mehr hin oder löschen alles, sobald mal wieder zu viele neue Nachrichten zusammengekommen sind.

Lila: Wie erzeugen denn Bestände Verschwendung?

Als erstes verlieren wir mit zunehmender Bestandshöhe die Transparenz über das, was wichtig ist, und müssen dann plötzlich die Aufgabe wechseln oder mehrere Aufgaben gleichzeitig bzw. im Wechsel bearbeiten, weil sie zum gleichen Zeitpunkt fertig sein sollen. Bereits dabei entsteht Multitasking - das *ungewollte* Springen zwischen Aufgaben.[3] Es wird von den ewigen Rückfragen unserer Kollegen oder Kunden verstärkt, die noch vergeblich auf unsere Rückmeldungen oder Arbeitsergebnisse warten. Multitasking führt nicht nur zu vierzig Prozent höherem Zeiteinsatz, weil wir uns bei jedem Aufgabenwechsel neu eindenken müssen, sondern auch zu einer höheren Fehlerquote und nach wissenschaftlichen Studien zu Stressempfinden und Unzufriedenheit.

Zweitens werden wir bei erhöhten Arbeitsbeständen gerne hektisch. Und Hektik ist eine der wesentlichen Fehlerquellen, wie schon Henry Ford sinngemäß gesagt hat.[4] Fehler sind deshalb extrem toxisch, weil sie uns auf Los zurückführen, wir die Aufgabe wiederholen müssen und es nach ihrer oft späten Entdeckung meist so schnell

---

[3] Gemeint ist dabei nicht aktives Multitasking, wenn wir mehrere Dinge gleichzeitig tun, z.B. weil wir uns nicht entscheiden wollen, was Priorität haben soll, sondern passives, welches entsteht, wenn wir uns zwar auf eine Sache konzentrieren, dabei aber von jemandem oder etwas gestört werden und deshalb unfreiwillig unsere Aktivität unterbrechen, um uns einer anderen Aufgabe zuzuwenden.
[4] *„Der größte Feind der Qualität ist die Eile.“*, vgl. http://www.henry-ford.net/deutsch/zitate.html

gehen muss, dass zusätzlich Eil- und Beschleunigungskosten entstehen.

Der dritte Fehler ist das Pressen möglichst vieler Termine und Aufgaben in die vorhandene Zeit, wobei wir immer einseitig zu unserem Vorteil davon ausgehen, dass wir mit der Mindestzeit pro Aufgabe auskommen. Bei jeder Stockung, Verzögerung oder Überraschung geht sich unsere Planung nicht mehr aus und wir beginnen mühsam, den Tag umzuorganisieren, stören unsere Gesprächspartner und bewegen sie zu Verschiebungen. Jeder Aufwand für Umplanung ist gemessen an der produktiven Nutzung unserer Zeit komplette Verschwendung.

Du musst Dir vorstellen, dass jeder insgesamt und unsichtbar mehr als die Hälfte seines Arbeitstages verschwendet. Zeit für Tätigkeiten verwendet, die bei etwas besserer Organisation nicht sein müssten.

Lila: 50%? Das klingt unglaubwürdig...

Naja, Du darfst nicht vergessen, dass das noch gar nicht alles ist. Nimm alleine die Verschwendung durch gewohnte und inzwischen überflüssige Arbeitsschritte, Berichte oder ähnliche Rituale. Manuelle Arbeit, die automatisierbar wäre. Transport, Bewegen oder Warten durch die Weitergabe von Aufgaben. Doppelarbeit, wenn nicht klar ist, wer welche Aufgabe macht oder was genau das Ziel ist. Oder stell Dir vor, wieviel Potential wir verschwenden, weil spezialisierte Menschen immer dasselbe tun und sie und ihre Arbeitgeber nie entdecken, was sie für ihre Firma zu leisten im Stande wären? Wir nehmen all dies nicht als Verschwendung wahr, weil es schon immer so war und für uns dazugehört.

Erst, wenn wir die Ist-Dauer einer Aufgabe mit der Zeit vergleichen, in der sie bei ausschließlicher und ungestörter Bearbeitung erledigt werden könnte, erkennen wir das wahre Ausmaß des Schadens.

Lila: Und wie macht sich diese Verschwendung für die gesamte Firma bemerkbar?

Die Gesamtwirkung der Bestände erkennt man an der Lieferzeit der Firma, die sich letztlich aus den physikalisch erforderlichen Erledigungszeiten und der Summe aller Wartezeiten vor jedem Arbeitsschritt zusammensetzt. Wenn wir uns vorstellen, dass jeder Kundenauftrag zerlegt und in sagen wir zwanzig bis fünfundzwanzig Arbeitsschritten bearbeitet wird, wobei er jedes Mal für einige Tage oder Wochen im Auftragsberg des Bearbeiters verschwindet, summieren sich die Lieferzeiten für ein Produkt nicht selten zum Zehn- bis Zwanzigfachen der physikalisch erforderlichen Zeit.

Früher fanden wir das nicht schlimm. Handwerker beispielsweise orientieren sich seit jeher nur an der Auslastung ihrer Leute. Je mehr Bestände - also unerledigte Aufgaben - sie haben, desto länger werden sie ausgelastet sein und desto sicherer fühlen sie sich. Ungeduldige Kunden vertrösten sie mit Schauergeschichten, was ihnen dazwischengekommen ist, und geben sie kurz vor dem geplanten Liefertermin zusammen mit der Terminverschiebung zum Besten.

Heute stellen wir zunehmend fest, dass unsere Kunden lieferzeitempfindlicher werden und manche uns deshalb sogar den Rücken kehren. Spätestens als produzierende Firmen können wir uns das gar nicht mehr leisten, unsere Kunden stets nur zu vertrösten.

Denn privat kann sich jeder von uns über Nacht fast alles bestellen und geschäftlich haben wir alle die Wahl zwischen immer mehr auch überregional tätigen Lieferanten und Konfiguratoren mit transparenten Lieferzeitversprechen. Unsere Kunden mögen und brauchen ihrerseits schnelle Lieferungen, um flexibel auf schwankende Anforderungen ihrer eigenen Kunden reagieren zu können. Deshalb ist heute die Aufgabe, mit möglichst flexiblen Kapazitäten jede Aufgabe, die uns gestellt wird, so schnell wie möglich zu erledigen und zu Umsatz zu machen. Nur wenn wir Kundenaufgaben erledigen, kann unser Anspruch auf Bezahlung entstehen und sprudelt gewissermaßen die Ölquelle, um die herum wir mit unserem Expertenteam versammelt sind. Und nur wenn die Ölquelle sprudelt, verdienen wir Geld, mit dem wir das Team bezahlen können.

Damit bedrohen lange Lieferzeiten nicht weniger als den Kern unseres Schaffens, unsere Existenz.

45

Frage: Und welche Lösungsansätze gibt es?

#6 Arbeit fließt - mager ist nur im Fernsehen schlank

Was die Sache so schwierig macht, sind unsere reflexartigen Reaktionen. Zunächst schauen wir nach Möglichkeiten und Apps, unsere Berge oder Bestände ausgefeilter und vollständiger zu verwalten, statt sie zu reduzieren. Zudem erhalten wir viele symptombezogene und damit naive Vorschläge, die wir erstmal entlarven müssen. Nimm mal das Beispiel „wenn Du zu viele Mails bekommst und deshalb abends arbeitest, schalte den Server oder das Smartphone ab." Damit verschieben wir diese Arbeit einmalig auf den nächsten Morgen und wenn wir ansonsten nichts weiter ändern, machen wir am nächsten Abend das, was vom Tage übriggeblieben ist. D.h. wir arbeiten weiterhin abends, machen aber einfach nur andere Arbeit. An der Ursache, an unserem Kommunikationsverhalten ändern wir damit nichts.

Oder: „Wenn Du zu viel gestört wirst oder zu viel Arbeit hast, sag einfach mal nein." Und wer macht die Arbeit dann, wenn alle „nein" sagen? Und wie mache ich das glaubhaft, dass ich „nein" sage, weil ich zu viel zu tun habe? Durch Push gerät man nämlich schnell in einen Teufelskreis. Die Führungskraft kann die Arbeitsmenge nicht richtig einschätzen, vielleicht auch, weil sie schwankt, und wartet zu lange mit einer Stellenanzeige. Dann klagt der Mitarbeiter, er habe keine Zeit und könne dies und jenes nicht tun, er brauche Unterstützung. Die Führungskraft wiederum merkt, dass es trotzdem irgendwie läuft und fragt sich, ob sie das Geld nicht besser sparen kann. Und dann beginnt das tägliche Gerangel um die Freigabe von Überstunden und nicht geschaffte Aufgaben. Spätestens ab diesem Zeitpunkt verlieren beide den Glauben an das Gute im anderen. Wenn wir in einer solchen Situation einfach nur „nein" sagen, verstärken wir den bestehenden Konflikt unnötig weiter.

Nein, wenn wir bei der Bearbeitung unserer Aufgaben besonders produktiv sein wollen, müssen wir an der Wurzel ansetzen, an den Beständen. Am besten nutzen wir dafür Lean-Prinzipien. Unter dem Stichwort haben sich in den vergangenen über 100 Jahren in Japan eine Reihe Praktiken angesammelt, die leider aufgrund eines sprachlichen Irrtums falsch interpretiert werden. Im Englischen bedeutet das Wort Lean „mager" und für dieses Wort gibt es ebenso wie im Deutschen zwei Verwendungen: Zum einen für Topmodels, dann bedeutet es schlank oder überschlank. Und so hören wir auf die Frage, was Lean bedeutet, gerne die Antwort „schlanke Prozesse" oder „standardisiert", und Serienfertiger verstehen darunter alle Maßnahmen, die dem Ziel dienen, ihre Produkte mit weniger Personal als bisher herzustellen. Und je knapper die Personaldecke wird, desto schlanker wähnen sie sich.

Unser Metzger hingegen verwendet das Wort mager für seine besten Produkte, die fettfrei sind und von kräftigen Tieren stammen. Gewissermaßen Fleisch ohne Verschwendung. Und genau so ist es gemeint: Verschwendung wird vermieden, und zwar zuallererst dadurch, dass Arbeit im Fluss bleibt. Denn wir wissen aus dem echten Leben, nichts kann Ablagerungen ansetzen, solange es fließt. Und so ist der Arbeitsfluss das entscheidende Kriterium einer Organisation, die Verschwendung vermeidet. Wir erreichen Fluss dadurch, dass Aufgaben nicht wie bisher durch die Firma geschoben, sondern mit dem Erhalt des Kundenauftrages von Schritt zu Schritt gezogen werden und wir auf dem Weg darauf achten, Widerstände und Engpässe zu beseitigen.

Lila: Das mit dem Fluss kann ich mir noch nicht vorstellen. Kannst Du mir das nochmal erklären?

Liebe Lila, stell Dir vor, Euer Büro ist so etwas wie ein Rummelplatz mit sagen wir fünf Karussells. Jedes von ihnen ist unterschiedlich groß, dreht sich unterschiedlich schnell und die Fahrt dauert unterschiedlich lange. Jetzt kommen im übertragenen Sinne Aufgaben, die aus fünf Teilaufgaben bestehen, die von fünf beliebigen Personen bearbeitet werden. Das ist dann so wie jemand, der auf dem Rummelplatz fünf Fahrten mit Deinen Karussells machen will. Jetzt könnte man zum einen ermitteln, wie lange die Fahrten jeweils dauern, eine Reihenfolge festlegen und versuchen, exakt zu planen, wann jede Person den Rummelplatz wieder verlässt. Für exakte Planung haben wir EDV-Systeme. Die sagen, „das können wir jetzt rechnen, weil wir genug Rechnerkapazität haben." Leider funktionieren sie nicht. Weil die Chefs des Rummelplatzes viel mehr Kunden hineinlassen, als Plätze auf den Karussells vorhanden sind. Irgendwann ist der Platz völlig überfüllt und es bilden sich lange Schlangen vor jedem Karussell. Manche Gäste klettern auch einfach über die Zäune, immer hereinspaziert. Und es gibt Überraschungen, ein Karussell fährt heute gar nicht, weil das Personal Urlaub hat. Eines hat einen Kriechstrom und fährt heute langsamer als gewöhnlich bzw. geplant. Und so weiter, und so weiter. Damit trotzdem das Maximum erreicht wird, werden Karussellwärter eingestellt, die die Karussells antreiben, sich schneller zu drehen. Oder es werden Boni dafür ausgelobt, dass mehr Passagiere befördert werden als gestern.

Verstehst Du, was es in dieser Welt nicht braucht, ist eine noch bessere oder detaillierte Planung. So lange Menschen im Spiel sind, gibt es Überraschungen und Du musst Deine Planung immer wieder anpassen. Auch wenn ein Computer alles simuliert und Dir eine optimale Reihenfolge ermittelt. Er wird Dir nach jeder Überraschung oder Veränderung ein neues Ergebnis vorschlagen, bis Dir davon ganz schwindlig wird.

Viel einfacher und besser ist, wenn Du Dir anschaust, wie das System funktioniert, und Du die Komponenten so aufeinander abstimmst, dass sich das System selber steuert. Dann kannst Du den Rest guten Gewissens dem Zufall überlassen und trotzdem fließt die Arbeit und Du bekommst ein hinreichend genaues und zugleich besseres Ergebnis.

Dafür musst Du zunächst den Zutritt zum Rummelplatz und die Anzahl der Warteplätze pro Karussell beschränken, zum Beispiel auf die doppelte Zahl seiner Sitze. So, dass sichergestellt ist, dass nie ein Platz leer bleibt und kein Karussell darauf warten muss, dass die Mitfahrer erst aus einem anderen Karussell herübergeschlendert kommen, bis die nächste Fahrt beginnen kann. Jeder Kunde fährt jeweils eine Runde und wartet dann ein bis zwei Runden. Und wenn Du zudem noch sicherstellst, dass Du genügend Personal hast und die Wartung nicht vernachlässigst, so dass alle Karussells immer fahren, dann hast Du alles getan und kannst ziemlich exakt voraussagen, dass Deine Aufgaben den Rummelplatz nach spätestens fünfzehn Runden wieder verlassen werden. In dem System kannst Du sogar eine einzelne Aufgabe an die Hand nehmen und sagen, dass sie immer ganz nach vorne darf, wenn sie an einem Karussell ankommt. Dann wird sie vielleicht schon nach zehn Runden fertig sein. Aber auch die Zahl dieser Aufgaben muss begrenzt sein, sonst wollen das alle und dann funktioniert das System nicht mehr.

Und erst, wenn Aufgaben den Rummelplatz verlassen, lässt Du wieder neue hinein. Damit arbeitest Du nach dem Pull-Prinzip und stellst sicher, dass keine Stockungen entstehen und alles im Fluss bleibt. Denn wenn wir wollen, dass möglichst viel Wasser durch ein Rohr fließt, müssen wir nicht dafür sorgen, dass vorne mehr reinkommt. Dann bildet sich nämlich ein Rückstau oder das Rohr platzt irgendwann. Wir müssen uns darum kümmern, dass hinten möglichst viel rausfließt und im Rohr die Fließgeschwindigkeit maximal ist. Und im zweiten Schritt darum, den Rohrdurchmesser zu erhöhen und Engpässe zu beseitigen. Das gilt insbesondere dann, wenn jedes Karussell exakt einmal gefahren werden soll oder zusätzlich noch die Reihenfolge der Fahrten fest vorgegeben ist. Dann bestimmt der engste Engpass, d.h. das kleinste und langsamste Karussell die Gesamtleistung des Rummelplatzes.

Deshalb kannst Du nur dadurch mehr Kunden über den Rummelplatz schleusen, dass er länger geöffnet ist, die beteiligten Karussells schneller fahren oder Du ein größeres oder zusätzliches kaufst und in das System integrierst.

Aber Vorsicht, ebenso wie es zwei Arten von Aufgaben gibt, gibt es zwei Arten, wie man Fluss erzeugt: Dort, wo wir feste Produktionsmengen haben und Aufgaben wiederkehrend gleich sind (immer gleich viele Besucher), mit Hilfe von Standardisierung, harmonisierten Kapazitäten, Taktung und dem Ausschluss von Überraschungen. Dort, wo Aufgaben unterschiedlich sind und der Aufgabenanfall schwankt, bedarf es hingegen der Konzentration auf die Fertigstellung von Aufgaben und flexibler Kapazitäten, um Arbeit im Fluss zu halten, Verschwendung zu vermeiden und damit zu einer „mageren" Organisation zu gelangen.

Sag einmal, Lila, heute Abend will meine Frau noch mit unseren Enkeln chatten. Wollen wir dann noch ein wenig in der Bar reden?

Lila stimmte zu und sie trafen sich abends in der Bar wieder: Und dieses Pull, wie kann ich das für meine Arbeit nutzen? Meine Mitarbeiter erwarten doch, dass ich ihnen sage, was sie tun sollen, oder?

#7 Nehmen ist seliger denn geben

Schau mal, heute bekommst Du das Tagesgeschäft überhaupt nicht mit. Deine Mitarbeiter machen still und leise die Arbeit, die sie immer machen. Sie bekommen sie über Postkörbe, Computer-Programme, E-Mails oder mündlich mitgeteilt. Dazu verteilst Du als Chefin gelegentlich Einmal- oder Einzelaufgaben, und zwar an die Kollegen, von denen Du denkst, dass sie die Aufgaben optimal erledigen können. Das einzige Kriterium, an dem Du Dich dabei orientierst, ist ihre individuelle Spezialisierung. Können zwei das gleiche, stellst Du Vermutungen darüber an, wer mehr Zeit hat oder wer im Normalfall kooperativer ist. Denn dabei gerätst Du schnell mit dem einen oder anderen in die Diskussion, ob er oder sie zu viel zu tun hat und die Aufgabe oder irgendetwas anderes nicht schafft. Manchmal glaubst Du das, manchmal nicht. Aber sei doch mal ehrlich: Eigentlich hast Du keine Ahnung, wie viel Deine Leute zu tun haben und wie viele unerledigte Aufgaben sich bei ihnen türmen. Es gibt auch nach meiner

Erfahrung, was Denkarbeit angeht, keine funktionierende Lösung dafür, ohne dass Du nicht automatisch in einer abwegigen Kontroll- und Rechtfertigungsdiskussion landest.

Und genau da liegt der Schlüssel: Ein berühmter Vordenker, Peter F. Drucker, hat mal gesagt, dass die Art, wie wir die Arbeit verteilen, der Schlüssel zur Produktivität des Wissensarbeiters ist.[5] Also muss die Entscheidung darüber, wer was macht, woanders getroffen werden. Und zwar da, wo die erforderlichen Informationen vorliegen, bei Deinen Mitarbeitern. Sie wissen, wann ihre aktuelle Aufgabe abgeschlossen sein wird und wann sie die nächste beginnen können. Wieviel Zeit sie haben, was sie nicht können und womit sie sich etwas Abwechslung verschaffen.

Also stellst Du im Idealfall ein Körbchen mit allen Aufgaben auf dem Tisch und findest eine Regelung, nach der sich jeder, sobald er fertig ist, die nächste Aufgabe nimmt. Am besten nach flussorientierten Kriterien: Nämlich die Aufgaben zuerst, die bereits am längsten liegen, die, die die größte inhaltliche Unsicherheit und damit ein hohes Verweilrisiko in sich tragen, bzw. die, die besonders klein sind und mit deren Vorziehen wir unserem Bestand einen ähnlichen Gefallen tun, wie wir es mit Menschen an der

---

[5] Peter F. Drucker, Managing in Turbulent Times, Harper Collins e-book, 13. Oktober 2009, S. 23

Supermarktkasse tun, die wir vorlassen, weil sie nur ein Teil kaufen wollen.

Im Interesse der Weiterentwicklung wählt jeder nach Möglichkeit Aufgaben, für die er gerade noch qualifiziert ist bzw. die er sich gerade noch zutraut. Ist der Bestand niedrig, gerne auch nach Lust und Neigung. Das können Deine Mitarbeiter dann gerne alleine absprechen.

Lila: Aber kommt es dann nicht zu Rosinenpicken? Oder einige machen mehr als andere?

So etwas kommt immer dann vor, wenn Du die Gruppe so groß wählst, dass das nicht auffallen würde. Wenn die Gruppe, die gemeinsam arbeitet, etwa fünf bis sieben Personen groß ist, sieht ja jeder, wer welche Aufgaben nimmt, wer wieviel schafft und wer wie stark zum Gesamtergebnis beiträgt. Ich glaube, das Problem, dass jeder in einer sozialen Gruppe zum Überleben beitragen muss, haben wir Menschen bereits vor mehr als ein paar tausend Jahren gelöst. Ein schöner Nebeneffekt dieser Vorgehensweise: Sie ermöglicht jedem in der Gruppe, sich weiterzuentwickeln und über den Tellerrand zu schauen.

Lila: Manche wollen sich doch gar nicht weiterentwickeln…

Da stimme ich Dir nicht zu. Wir Menschen haben uns noch immer und bei jeder Gelegenheit weiterentwickelt.

56

Allein schon deshalb, weil wir nach Fortschritt und Wohlstand streben. Jedes unserer Motive löst letztlich ein Streben und damit eine zielgerichtete Weiterentwicklung aus. Wir wollen nur darüber bestimmen, mit welchem Halt, wie stark und in welcher Geschwindigkeit wir Dinge ausprobieren und uns entwickeln. Manchmal muss auch erst der Kontext stimmen. Im übertragenen Sinne: Die richtige Aufgabe daherkommen und genügend Zeit und Hilfe verfügbar sein.

Ich halte es schlicht für eine Nebenwirkung der industriellen Massenproduktion mit ihren Silos und Spezialisierungen, dass im Kontext der Arbeitswelt persönliche Entwicklung im Allgemeinen unterbleibt. Hatte ich schon erwähnt, wie viel Potential dadurch ungenutzt bleibt? Kannst Du Dir vorstellen, dass wir das nutzbar machen könnten? Heute sind es überwiegend die Softwareunternehmen, die das bereits erkannt haben und bei denen sich die Mitarbeiter nach Regeln mit bestimmten Freiheitsgraden ihre Aufgaben aus gemeinsamen Arbeitsvorräten nehmen. Sie haben es natürlich auch leichter als beispielsweise der Maschinenbau, weil ihre Produkte sehr homogen und ihre Mitarbeiter ähnlicher ausgebildet sind.

Lila: Und wie mache ich das mit dem Körbchen auf dem Tisch?

Da muss ich schmunzeln, das war nur ein Bild, das ich verwendet habe. Letztlich führt die Gruppe einen gemeinsamen Arbeitsvorrat mit Aufgaben und jeder nimmt sich eine definierte Zeit am Tag, einige dieser Aufgaben zu bearbeiten. Sie können dafür zum Beispiel gemeinsame Listen erstellen. Listen haben sich aber als unpraktisch erwiesen, weil sie schnell unübersichtlich werden, neu geschrieben werden müssen und nicht wirklich Transparenz auf dem Zeitstrahl bieten und - viel wichtiger - weil wir da alles draufschreiben und im Auge haben, was an Arbeit hereinkommt, und damit versucht sind, alles gleichzeitig anzugehen. Damit ist eine Liste letztlich eine „Push"-Lösung.

„Pull" hingegen organisieren wir mit jeweils nur einem übersichtlichen Arbeitsvorrat und sogenannten Kanban-Tafeln, die in mehreren Spalten den Arbeitsfluss sichtbar machen: *Aufgabeneingang, in Arbeit, warten* und *erledigt,* zum Beispiel. Die Aufgaben werden entsprechend ihrem Fortschritt jeweils den Spalten zugeordnet. Dabei ist jede Spaltengröße so klein gewählt, dass nur im begrenzten Umfang Aufgaben hineinpassen, immer nur eine Aufgabe gleichzeitig bearbeitet wird und wir uns auf die Erledigung konzentrieren, bevor wir neue Aufgaben beginnen. Damit sehen wir schnell, wo sich etwas staut, wo wir mit anfassen müssen und abends, was wir geschafft haben. Damit können wir beispielsweise Multitasking vermeiden und die Arbeit im Fluss halten.

***

Exkurs: Auszug aus dem Interview mit einem Software-Entwickler im November 2017:

Frage: Wie kommst Du an Deine Aufgaben?

Antwort: Wir haben einen Kanban-Arbeitsvorrat. Ganz normal, Pull.

***

Lila: Was kann ich denn außer einer Kanban-Tafel noch tun, um den Fluss zu beschleunigen?

#8 Pair Working und Parallelisierung

Da gibt es ein sehr wirkungsvolles Mittel, das Gegenteil von Spezialisierung, das nennen wir Parallelisierung. Dabei untersuchen wir unsere Aufgaben und tun mit möglichst vielen Personen alles gleichzeitig, was nicht logisch und zeitlich aufeinander aufbaut. Bei großen Projekten ist das ganz selbstverständlich. Das bedeutet Zusammenarbeit, in der einfachsten Form arbeiten wir im Zweierteam. Nach den Grundsätzen der Lokaloptimierung fühlt sich das zwar nicht gut an, aber dieses Pair Working führt erwiesenermaßen zu besseren Lösungen und weniger Fehlern. Und es ist für die Beteiligten extrem befruchtend. Es ist letztendlich der ultimative Weg, Können aufzubauen, uns zu generalisieren und damit unsere starren Kapazitäten aufzuweichen. Und es fällt viel leichter, nach neuen kürzeren Wegen zu suchen, wenn man zu zweit Alternativen diskutiert, als wenn man alleine gebannt auf eine Aufgabe stiert.

In Projekten fragen wir uns sogar, wie viele Leute die Aufgaben maximal gemeinsam bearbeiten können, ohne sich dabei zu behindern. Damit investieren wir zwar theoretisch mehr Arbeitszeit als beispielsweise bei kompletter Spezialisierung, die Durchlaufzeiten werden aber minimal. Damit erhöhen wir Rohrdurchmesser und Durchfluss maximal und verhindern die Verschwendung von Arbeitszeiten, weil wir viel fokussierter arbeiten und weniger zwischen verschiedenen Aufgaben hin- und herspringen.

Bei der Bearbeitung ist es optimal, wenn sich jeder zwar an den Aufgaben orientiert, die er besonders gut kann, darüber hinaus aber jeweils da anfasst, wo gerade Hilfe benötigt wird und wo er sein Können als Teil einer Gruppe gefahrlos und spielerisch weiterentwickeln kann. Im Privatleben organisieren wir unsere Umzüge so: Wir aktivieren viele unserer Freunde und die besonders Starken kümmern sich zunächst um die Waschmaschine, tragen aber zur Abwechslung auch gerne mal etwas Leichtes oder bauen einen Schrank auf. Ich nenne das flexible Zusammenarbeit auf Basis individueller Stärken. Jeder hat seine Vorlieben, aber ohne Aufgaben außerhalb seines gewohnten Dunstkreises abzulehnen. Dieses Organisationsprinzip ist allen anderen Organisationsvarianten überlegen. Ein solches System ist in Summe etwa doppelt so leistungsfähig wie ein Spezialistensystem und macht obendrein Spaß, weil es Lasten optimal verteilt, weil wir nach rechts und links schauen, mitdenken und uns gegenseitig helfen.

Lila: Ich glaube, da kann ich Dir noch nicht folgen, warum das besser sein soll. Kannst Du mir das mit einem Beispiel erklären?

Gerne, Lila. Ich gehe mir nur noch schnell etwas vom Buffet holen, dann erzähle ich weiter.

**

Wo war ich stehengeblieben? Ach ja, in einem Spezialistensystem kann jeder seine Aufgaben ungestört und theoretisch viel schneller erledigen als jeder andere um ihn herum. In einem System mit wiederkehrend gleichen und stabilen Mengen stimmen wir die Zahl der Spezialisten auf die Arbeit ab und haben das Optimum gefunden. Wenn der Arbeitsanfall zu schwanken beginnt, wird das schwieriger. Trotzdem lassen wir immer noch diejenigen die Arbeit machen, die sie isoliert betrachtet am schnellsten erledigen können, weil sie die Spezialisten sind und wir in keinem anderen Fall mit weniger Arbeitszeit auskommen. Dabei werden aber die Spezialisten schnell zum Engpass und reduzieren die Leistungsfähigkeit des Gesamtsystems, also den Umsatz.

Stell Dir vor, Du bist die Cocktail-Spezialistin in einer Bar. Du schaffst zehn Cocktails pro Stunde, die jeweils einen Wareneinsatz von zwei Euro und einen Verkaufspreis von zehn Euro haben. Dein Stundenlohn beträgt zwanzig Euro. Theoretisch macht die Bar sechzig Euro

63

Gewinn pro Stunde. Da keiner mehr Cocktails schafft als Du, ist es optimal, wenn Du in der Bar eingesetzt wirst.

Kommen jetzt immer mehr Kunden und bildet sich eine hinreichend lange Schlange, wirst Du vielleicht nervös, versuchst schneller zu arbeiten und bist auch nicht mehr kreativ. Zwei Kunden pro Stunde reklamieren ihre Drinks, so dass Du sie neu machen musst und nur noch acht verkaufen kannst, womit der Gewinn auf 40 Euro sinkt.

Jetzt könntest Du eine zweite Cocktail-Spezialistin hinzunehmen, die ebenfalls zwanzig Euro pro Stunde erhält. Wenn Ihr jetzt nur 40% schneller seid, und nur noch ein Drink pro Stunde reklamiert wird, weil Ihr sorgfältiger arbeitet, steigt der Gewinn von 40 auf 62 Euro. Trotzdem würde jeder sagen, das lohnt ja nicht. Doppelter Personaleinsatz für 40% mehr Cocktails. Oder es heißt, „eine zweite Spezialistin haben wir nicht." Dann nimmst Du halt eine zweite ungelernte Kraft hinzu, die nur zehn Euro pro Stunde erhält und mit deren Hilfe Du 20% schneller bist. Wird auch in dem Fall nur ein Drink pro Stunde reklamiert, steigt Dein Gewinn immerhin noch auf 56 Euro. Diese Lösung ist aber bei den Spezialisten selbst unbeliebt, da sie den Anfänger in dem Moment, in dem sie besonders schnell arbeiten wollen, als störend empfinden.

Der Hebel wird noch größer, wenn - rein fiktiv - nur diejenigen in unserem Hotel übernachten, die vorher bei Dir einen Drink bekommen haben, dann entgeht uns mit Deiner Warteschlange noch weit mehr Umsatz. Und obwohl dieses Beispiel recht klar ist und wir vielleicht einsehen, dass die Unterstützung der Spezialistin sinnvoll ist, entscheiden wir uns in unseren Firmen aufgrund der zusätzlichen Personalkosten tagtäglich dafür, alleine auf die Spezialisten zu setzen: Nimm eine Tischlerei, die nur über eine Zeichnerin verfügt und deren Umsatz an Küchen mit einem Stückpreis von sagen wir 10.000 Euro davon abhängt, dass diese Exotin der Firma jeweils vier Stunden Zeit findet, die Küchen zu zeichnen. Selbst wenn genug Tischler da sind, um 60 Küchen pro Monat zu bauen, die Zeichnerin wird nur 30 schaffen und so werden am Ende auch nur 30 verkauft werden. Dann entgehen der Firma vielleicht 300.000 Euro Umsatz, nur weil sie auf die zweite Zeichnerin verzichtet.

Genaugenommen ist es immer vorteilhaft, weitere Mitarbeiter zur Arbeit hinzuzuziehen - egal wie viel länger sie für die einzelnen Aufgaben brauchen - sobald einer unser Spezialisten überlastet ist und deshalb Kunden warten müssen oder zusätzliche kommen würden, wenn sie nur ohne Wartezeit bedient würden. Das gilt für alle Lösungsalternativen: Einsatz ungelernter Kräfte, ungelernter Kräfte unter Anleitung des Spezialisten oder einer Gruppe von

Fachleuten, bei der jeder immer da anfasst, wo gerade Arbeit vorhanden ist. Leider merken wir das traditionell nicht, weil der Spezialist ja seine Arbeit irgendwann schafft, halt nur deutlich später, als es für die Kunden und unser Firmenergebnis gut wäre. Deshalb finden wir den richtigen Zeitpunkt für zusätzliche Mitarbeiter nur heraus, wenn wir die Arbeit nach Pull-Prinzipien organisieren, dann nimmt sich einfach ein anderer Mitarbeiter den Drink für den nächsten Kunden, wenn der Spezialist noch beschäftigt ist. Oder wir fragen uns gleich, wie viele Mitarbeiter wir brauchen, um jeden einzelnen Drink schnellstmöglich fertigstellen zu können.

Pair Working und Parallelisierung

Lila: Du hast gestern von Lokaloptimierung gesprochen. Was ist damit denn gemeint?

#9 Wenn das Optimum nicht optimal ist

Wir treffen im Leben immerzu Entscheidungen. Und dabei bedienen wir uns nach Möglichkeit wirtschaftlicher Überlegungen. Zum Beispiel kaufen wir da, wo es günstiger ist. In Firmen betreiben wir gerne Lokaloptimierung. Das bedeutet, dass wir mit der Lupe ganz nah drangehen und die vermeintlich beste Variante wählen, ohne dabei die Folgen für das große Ganze zu berücksichtigen.

Die bekannteste Form: Eine Aufgabe geben wir dem, der sie vermeintlich am schnellsten erledigen kann, dem Spezialisten. Aber ich will das nicht weiter ausführen, darüber haben wir ja schon genügend gesprochen.

Die zweite Variante: Statt eine Aufgabe zügig abzuschließen, lassen wir sie liegen, bis ein zweiter gleichartiger Sachverhalt vorbeikommt und wir uns durch die Zusammenfassung bei der Bearbeitung einen Handgriff, einmal Fracht oder vielleicht eine Fahrt sparen können. Dann tauschen wir einen Hauch von Zeit und vielleicht auch Geld gegen entgangenen Umsatz, Bestände und die Verschwendung von morgen ein. Ganz ehrlich: Da muss die

Ersparnis schon extrem hoch sein, bis sich das wirklich lohnt.

Ähnlich ist es, wenn wir uns für eine günstigere Lösung entscheiden, diese aber länger dauert, zusätzliche Schritte erforderlich macht oder schlichtweg riskanter ist. Wenn wir beispielsweise eine Dienstreise mit einem Verkehrsmittel unternehmen, das den niedrigsten Reisepreis aufweist, wir aber vielleicht länger unterwegs sind, ein höheres Risiko haben, unterwegs zu stranden, wir vor der Buchung mehrmals Rücksprache nehmen müssen, die Abrechnung und Prüfung aufwendiger ist oder besondere Genehmigungsschritte erforderlich werden. Meist sind die Implikationen so verdeckt und entfernt, dass wir gar nicht an alles denken können und mit der konsequenten Orientierung an der sichersten bzw. kürzesten Durchlaufzeit besser bedient wären.

Es gibt sogar Lokaloptimierung in der Welt der Chefs: Eigentlich möchten sie ja loslassen, ihre Mitarbeiter ertüchtigen oder zumindest nicht bei jeder Kleinigkeit mit Rückfragen gestört werden. Das geht aber immer nur so lange gut, bis etwas zu entscheiden oder abzuwägen ist, der Held in der Führungskraft mit den Fingern schnipst und sagt „ich weiß es, lasst mich das machen, ich kann das am schnellsten!" oder „ich habe am meisten Weitblick!" Und - schwups - haben wir ganz schnell eine Lösung und zugleich einen Grund, auch nächstes Mal wieder die

Chefs zu fragen. So bleibt ihnen das wohlbekannte Engpassgefühl erhalten.

Ein weiteres Beispiel ist die Entscheidung, mit einer betrieblichen Veränderung nur zu beginnen, wenn es dafür öffentliche Fördermittel gibt, und auch erst dann, wenn diese bewilligt sind. Bis dahin kann viel Zeit ins Land gehen und können uns höhere Gewinne entgehen, als durch die Förderung jemals hereinkommen wird.

In allen Fällen von Lokaloptimierung sind wir vordergründig guter Dinge und doch wird offenbar, dass wir ganz kräftig mit dem Milchmädchen turteln. Denn wir vergleichen nur die direkt sichtbaren, nicht aber die versteckten Ausgaben oder gar die Nutzenseiten der Medaillen miteinander. Im Ergebnis verlängern wir mit dieser Art von Entscheidungen die Durchlaufzeit und treiben Bestände und Kosten in die Höhe. Sie sind damit schlichtweg kontraproduktiv.

Wenn das Optimum nicht optimal ist

Lila: In einem Push-System bekommen wir doch unsere Aufgaben zugewiesen. Dann können wir doch gar nicht beeinflussen, wie viel wir zu tun haben!

#10 Nur eine erledigte Aufgabe ist eine gute Aufgabe - in zwei Minuten die Welt verändern

Oh doch, liebe Lila. Neben der Anzahl der Aufgaben, die wir erhalten, spielt auch die Art, wie wir mit ihnen umgehen, eine entscheidende Rolle für unsere Bestände.

Grundsätzlich haben wir bei unseren Aufgaben immer drei Möglichkeiten, wir lassen sie liegen, wir geben sie weiter oder wir bearbeiten sie. Wenn wir sie liegenlassen, erhöht sich unser Bestand und droht uns zukünftige Verschwendung aufgrund von Multitasking, Hektik oder straffer Planung. Geben wir sie weiter, erhöhen sich global gesehen die Bestände, da die Aufgaben üblicherweise an zwei Stellen weitergeführt werden: Beim Empfänger zur Bearbeitung und bei uns zur Überwachung oder zum Nachhaken. Hinzu kommt eine erhöhte Liegezeit aus der Weitergabe, denn die Aufgabe ist für den jeweiligen Empfänger neu und kann sich erstmal im großen Haufen seiner wartenden Aufgaben hintenanstellen. Faktisch entfernen wir uns mit jeder Weitergabe ein weiteres Stück vom Ort des Entstehens. Hintergrundinformationen werden kondensiert und manchmal überhaupt nicht weitergegeben. Damit spielen wir stille Post, und das Missverständnis- und Fehlerrisiko steigt stark an.

Die einzige zweckdienliche Wahl ist deshalb die Erledigung der Aufgabe. Das gilt insbesondere für Aufgaben, deren Bearbeitung nur zwei Minuten in Anspruch nimmt. Da würde sich unabhängig von „Zuständigkeiten" eine Weitergabe nur dann lohnen, wenn zur Erledigung absolut einzigartige Fähigkeiten erforderlich wären.

Aber selbst dann, wenn wir die besten Vorsätze haben, können wir auf dem Weg zur Erledigung einer Aufgabe viel falsch machen: Wir kennen das Ziel nicht genau oder legen die Aufgabe wieder beiseite, weil uns Informationen fehlen bzw. wir nicht weiterkommen. Wir unterbrechen sie, weil wir einen Termin haben, in die Mittagspause gehen oder Wichtigeres dazwischenkommt. Weil uns die Aufgabe nicht fordert oder wir morgen ein Werkzeug zur Hilfe haben, womit die Erledigung schneller gehen könnte. Andere lassen sich bereits schon davon abschrecken, dass sie den gesamten Weg zum Ziel oder das Ergebnis nicht klar vor sich sehen können. Oder geben sich so wenig Mühe, dass die Aufgabe mit Sicherheit als Reklamation zu ihnen zurückkehren wird. Auf dem Weg zur Erledigung lauern 1.000 Fallen. Ihnen gilt es auszuweichen und sich auf die konsequente Beendigung zu konzentrieren. Denn mit Aufgaben verhält es sich wie mit

Mücken: Wir können sie entweder achtlos verscheuchen, dann kommen sie immer wieder. Oder wir nehmen uns ein wenig Zeit, erledigen sie und haben danach Ruhe vor ihnen.

***

Exkurs: Gesehen auf einer Postkarte im Hotel Romantischer Winkel in Bad Sachsa im Harz:

Zeit hat nur, wer sich erlauben kann, sie im richtigen Moment völlig zu vergessen.

***

Nur eine erledigte Aufgabe ist eine gute Aufgabe

Lila: In den letzten Tagen hast Du von straffer Planung gesprochen. Wo ist denn da das Problem?

#11 Wechsle den Rhythmus - weniger machen schafft mehr

Den täglichen Kampf mit unserer Aufgabenflut versuchen wir dadurch zu gewinnen, dass wir möglichst viele Termine und Aufgaben in einen Tag pressen. Selbst wenn wir Tage ursprünglich etwas großzügiger planen, kommen kurzfristig weitere Termine hinzu, die wir mangels Reserven zwischen die bisherigen drücken. Bis wir jeden Tag mit einem prall gefüllten und überoptimistischen Kalender beginnen. Das machen Manager nicht anders als Handwerker oder Ärzte.

Dieses Vorgehen muss doch optimal sein. Wenn wir viel schaffen wollen, müssen wir uns doch viel vornehmen. Ist doch logisch. Oder? Leider ist das ein Denkfehler. Denn jedes Mal, wenn eine Überraschung auftritt, eine Aufgabe oder ein Gespräch unerwartet länger dauert oder etwas Dringendes dazwischenkommt, kürzen wir einen nachfolgenden Termin ein. Falls das nicht möglich ist, planen wir Termine um. Dafür stören wir unsere Gesprächspartner oder ihre Sekretärinnen. Handelt es sich um eine größere Gesprächsrunde, kann es schnell mal sein, dass sich zusätzlich zu uns zehn bis fünfzehn weitere Personen in mehreren Schleifen verständigen müssen, bis ein neuer Termin gefunden ist. Dieser Umplanungsaufwand ist schlichtweg entbehrlich und damit Verschwendung.

Wollen wir Umplanungen vermeiden, müssen wir zwei Dinge beachten. Zum einen müssen wir grob die erforderliche Zeit zur Erledigung jeder längeren Aufgabe schätzen, Überraschungsrisiken beurteilen und entsprechende Zeitpuffer aufschlagen, sodass wir fast immer mit der geplanten Zeit auskommen. Zum anderen müssen wir auch bei unserer Tagesplanung im Ganzen berücksichtigen, dass jeder Tag seine neuen Überraschungen und dringlichen Aufgaben birgt. Grundsätzlich gilt nach dem Warteschlangenmodell, dass unsere Auslastung insgesamt nicht größer als etwa fünfundachtzig Prozent sein darf, wenn wir eine Chance haben wollen, unsere Bestände zu reduzieren. Und diese Zahl sollte desto niedriger gewählt werden, je mehr wir von der Natur unserer Aufgaben her mit Überraschungen konfrontiert sind.

Die Lösung heißt deshalb „weniger ist mehr." Wenn wir in unserem Tag und bei unseren Aufgabenzeiten Zeitpuffer berücksichtigen und uns immer am *Maximum* der benötigten Zeit orientieren, strecken sich zwar unsere festen Termine und Aufgaben auf dem Zeitstrahl. Es geht uns aber keine Zeit verloren, solange wir freiwerdende Puffer mit anderen, z.B. plötzlich hinzutretenden oder weniger dringlichen Aufgaben aus unserem Arbeitsvorrat füllen. Unsere Aufgaben vermehren sich auch nicht dadurch. Wir erledigen bloß andere Aufgaben zu anderen Zeiten und sparen damit die locker zehn Prozent an täglicher Arbeitszeit, die wir bisher mit hektischen Umplanungsaktivitäten und Entschuldigungsorgien verschwendet haben. Insgesamt ergibt sich ein anderer Arbeitsrhythmus: Termine liegen weiter auseinander, freiwerdende Zeiten nutzen wir für spontane, nicht-dringliche und kleinteilige Aufgaben oder tägliche Routinen wie die Bearbeitung unserer E-Mails. Das ergibt einen schönen abwechselnden Rhythmus. Taack, tack-tack. *Office-Salsa* gewissermaßen.

Lila: Und wie mache ich das konkret?

Naja, trage Dir im Kalender einfach einige zusätzliche „Blocker" ein, Zeiten, die pauschal für die nächsten Aufgaben reserviert sind. Oder für neue und dringliche Aufgaben verwendet werden können. Und weitere Blocker für Routineaufgaben. Und wenn Du schon damit anfängst, Deinen Arbeitstagen eine Grundstruktur zu verschaffen und sie bewusster zu verplanen, solltest Du auch wissen, dass Du Bestände bei schwankendem Arbeitsanfall auch damit reduzieren kannst, dass Du Deine Arbeitszeiten ein Stück weit an den Arbeitsanfall anpasst. Das hängt aber davon ab, ob Dein Arbeitsvertrag das erlaubt.

Lila: Was kann ich sonst noch tun?

#12 Das How-is-How der Arbeitsorganisation - Nichtkommunikation aufheben

Die Frage nach dem „Was" ist sehr gut, liebe Lila. Worüber wir aber noch gar nicht gesprochen haben, ist das „Wie", sagte Benno und zwinkerte ihr verschmitzt zu. Die ganze Welt schaut nur auf das „Was". Das erkennst Du daran, dass wir Tools und Lösungen einführen, ohne Konventionen zu verabreden, wie wir sie benutzen wollen. Und dass sich Bücher und Schulungen als wohlstrukturierte Faktensammlungen verstehen, ohne zu berücksichtigen, wie die Wissens-Brummer durch die Empfangskanäle der Zielpersonen passen, die von aktueller Erwartung, Stimmung und Aufnahmekapazität geprägt sind. Dafür ist das „Wie" entscheidend. Es ist das Zauberpulver, das zwischen uns Menschen etwas entstehen lässt, was darüber entscheidet, ob das „Was" auf fruchtbaren Boden fällt, angewendet wird und überhaupt eine Wirkung entfalten kann. Das gilt für jede Veränderung ebenso wie für die Arbeit an sich.

Das beginnt damit, dass Aufgaben „so" oder „so" erledigt werden können. Deshalb brauchen wir gedeihliche Rahmenbedingungen und Aufgaben. Je abwechslungsreicher die Arbeit ist - auf Basis unseres Grundkönnens, das uns Sicherheit vermittelt - desto wohler fühlen wir uns. Dann brauchen wir nur noch wohl dosierte Herausforderungen, an denen wir uns erproben können und anhand derer wir unsere eigene Bedeutsamkeit bei der Erzeugung unserer betrieblichen Produkte spüren können, um emotional involviert zu sein. All das ist die Grundvoraussetzung für Herzblut und Engagement, was wiederum der größte positive Treiber für Qualität und Innovation ist.

Darüber hinaus gilt die Bedeutung des „Wie" für jede Art der Zusammenarbeit mit unseren Mitmenschen. Zum Beispiel wird es bei zunehmend vergleichbaren Leistungen immer wichtiger, sich dadurch von unseren Wettbewerbern zu unterscheiden, *wie* wir konkret mehr oder weniger dasselbe anbieten und tun wie sie.

Auch innerhalb unserer Teams brauchen wir das soziale Zusammenspiel, schließlich ist der Zwischenraum zwischen uns Menschen der einzige Ort, wo wir etwas in Gang setzen können.[6] Deshalb sollten wir zuerst wieder beginnen, miteinander zu reden. Mund-zu-Ohr-Kommunikation, ganz klassisch. Uns bei aller Arbeitsteilung für die Arbeit unserer Kollegen und unsere gemeinsamen Aufgaben, die Produkte unserer Firma, zu interessieren. Den Sitzplatznächsten nicht nur als Störenfried zu betrachten, der nur Arbeit auf uns abwälzen oder uns

---

[6] Dov Seidman, Die La-Ola-Welle, Wiley-Verlag, 2008, S. 32

anderweitig schaden will, sondern ihn wirklich wahrzunehmen, anzusprechen, ihm von Zeit zu Zeit unsere Wert-
schätzung zu äußern und unsere Hilfe anzubieten. Informationen zu teilen, uns zu erzählen, was wir erlebt haben,
was es Neues gibt. Das macht im Privatleben 90% unserer
Gespräche aus. In der Firma hingegen blenden wir das
komplett aus, es hat ja nichts mit dem „Was", unseren
Aufträgen oder Produkten, zu tun. Versuchen wir doch
mal, unsere Kollegen als Menschen zu sehen, die sehr
ähnliche Ziele haben wie wir. Das wirkt Wunder.

Und neuen Mitarbeitern geben wir besser verstärkte Auf-
merksamkeit und Betreuung und versuchen, Ihnen beim
Beziehungsaufbau zu helfen und sie zügig mit allen Aufgaben, Regeln und unserer Geschichte vertraut zu machen. Vergessen wir nicht: Erhöhen wir beispielsweise die
Zahl der Mitarbeiter von vierzehn auf neunzehn, ist das
nicht nur eine Frage des Platzes und der Infrastruktur.
Tatsächlich hat sich die Zahl aller möglichen Beziehungs-
kombinationen und damit die organisatorische Komplexi-
tät der Gruppe verdoppelt. Die Hälfte aller Verknüpfun-
gen im Netzwerk ist schlichtweg noch nicht vorhanden.
Das kann von nahem besehen nicht gut gehen.

Und es spielt auch eine Rolle, wie wir als Führungskräfte
unsere Mitarbeiter sehen. Oft tun sie nicht, was wir von
ihnen fordern. Dann ziehen, drücken und schieben wir,
weil wir ihnen Widerstand unterstellen. Dabei wollen
Menschen funktionieren, streben nach Anerkennung in

der Gruppe und provozieren allerhöchstens mal als Ersatzhandlung, um das kleine bisschen Anerkennung zu bekommen, welches sie für ihre Arbeitsergebnisse nicht erhalten. Echte Saboteure hingegen sind selten. Spätestens, wenn Du von Deinen Mitarbeitern im Plural sprichst, „die können, wollen oder tun ja nicht", ist die Wahrscheinlichkeit hoch, dass Du es tatsächlich nur mit einer konsequenten Reaktion auf die Rahmenbedingungen oder Dein Verhalten als Chefin zu tun hast. Sag mal ehrlich, das hast Du doch bestimmt auch schon einmal gedacht?

Lila legte den Kopf leicht zur Seite, dachte nach, lächelte etwas verlegen und sagte „ich fürchte, schon."

Am besten steigst Du mal in ihre Schuhe, dann merkst Du sehr schnell, dass sie sich sehr rational verhalten. Beispielsweise halten sie sich aus Deiner Sicht immer dann nicht an Regeln, wenn diese gar nicht richtig verkündet sind, wenn es unterschiedliche Regeln von verschiedenen Vorgesetzten gibt oder regelmäßig Ausnahmen gemacht werden. Dann ist ihre Reaktion sogar ziemlich vernünftig.

Überhaupt ist das Leben als Führungskraft wie Endlos-Mikado: Es lohnt sich immer, drüber nachzudenken, was wir mit jedem unserer Worte, mit unseren Taten und Gesten sowie mit unserem Unterlassen direkt und indirekt im System bewirken...

Lila lachte laut auf, „Mikado, das ist ein schönes Bild."

In Summe ist der Druck, der durch Bestände und Multitasking entsteht, ebenso menschenfeindlich wie der Versuch, Menschen immer dasselbe tun zu lassen, und das auf eine Art und Weise, bei der sie sich überhaupt nicht mehr austauschen müssen. Wenn wir Neues erschaffen oder uns als Firma weiterentwickeln wollen, sind wir darauf angewiesen, die Fähigkeiten unserer Mitarbeiter zu Tage zu fördern, sie wahrzunehmen und Lernen und Wachstum einen Raum zu geben. Am besten in Form gemeinsamer Aufgaben und einer Verbesserungs-Kultur, bei der jeder stets seine Arbeit beobachtet, und sich regelmäßig mit seinen Teamkollegen über Verschwendung und ihre Vermeidung unterhält. Optimal sind Teams mit fünf bis sieben Personen, das ermöglicht einen Kapazitätsausgleich bei gleichzeitig sehr hoher sozialer Dichte.

Stellen wir unsere Arbeitsweisen auf gemeinsame Aufgabenbewältigung um, wobei wir auf Basis unserer Grundstärken achtsam miteinander umgehen und uns unterstützen, wo es erforderlich ist, blühen die Menschen auf. Sie sind glücklich, sich auszutauschen, zu helfen und gemeinsam etwas zu schaffen. Und sie freuen sich, dass sie endlich wieder Zeit haben, mit anderen Menschen, insbesondere Kunden, zu reden. Und in dem druckbefreiten Geisteszustand erfahren sie Dinge, die ihnen sonst vollkommen egal waren. Und die Kunden spüren diese neue Wahrhaftigkeit und werden sie mit Aufträgen honorieren.

Das How-is-how der Arbeitsorganisation

Lila: Das alles zusammen, was wir besprochen haben, gibt es dafür einen Namen?

#13 Die flexible Ordnung - der sanfte Tanz der Bienen

Wir sprechen über die Organisation von Arbeit, die nicht x-fach wiederkehrend gleich ist, sondern immer ein bisschen anders. Da gibt es keinen Takt, zu dem die Aufgaben eine Straße entlang marschieren können. Es kann fast alles geschehen und bei aller Unterschiedlichkeit wissen alle stets, was zu tun ist und finden den kürzesten Weg zum Ziel. Um diesen sanften Tanz einer Organisation zuverlässig zu orchestrieren, bedarf es nur weniger Grundkomponenten, die wir eine „flexible Ordnung" nennen.

Zuallererst Orientierung über das Neue. Wie informieren wir uns auf welchen Kanälen über welche Dinge, die uns alle betreffen? Wo speichern und finden wir welche wichtigen Informationen? Wie kommen wir im Fall von Überraschungen zu neuen Ideen und Lösungen und wie treffen wir dann welche Entscheidungen? Und natürlich gehören dazu unsere Regeln der Zusammenarbeit. Die authentisch, übersichtlich und verbindlich sind und die wir von Zeit zu Zeit gemeinsam aktualisieren. Neue Mitarbeiter erhalten natürlich einen Mentor, dessen Aufgabe es ist, sie so schnell wie möglich ins Team zu integrieren.

Der Rest dreht sich mehr oder weniger darum, wie wir unsere Aufgaben lösen, ohne dass Bestände entstehen. Im Idealfall bilden wir Teams, deren Kapazitäten durch Lernen, flexible Arbeitszeiten und Vereinbarungen mit anderen Teams so variabel wie möglich sind. Und die ihre Aufgaben weitestgehend ohne Weitergaben oder sogar in Person eines einzigen Mitarbeiters oder Tandems bearbeiten können. Alle entnehmen ihre Aufgaben aus kaskadenartig angeordneten kollektiven Arbeitsvorräten oder bewerben sich um Aufgaben oder die Teilnahme an Projekten.

Aufgaben beschreiben wir jeweils vollständig und schätzen ihren Zeitbedarf ein. Für die Reihenfolge legen wir allgemeine Priorisierungs- und Rückgaberegeln fest. Wir achten auf die jeweilige Auslastung der Teams und weiten Engpässe bei Bedarf auf.

Wir achten darauf, dass die Menschen mindestens phasenweise gemeinsam Aufgaben lösen und von Zeit zu Zeit an der Verbesserung der Arbeit und der Rahmenbedingungen arbeiten. Und als Vorgesetzter kümmern wir uns darum, dass das Maß der Gewohnheiten insgesamt nicht überhandnimmt und dass es Raum für gemeinsame Aktivitäten gibt.

Auf diese Weise verbannen wir Verschwendung, schaffen wir eine menschliche Kommunikationskultur und nebenbei noch die Voraussetzungen für Qualität und Innovation.

Die flexible Ordnung

Lila: Ich konnte heute Nacht kaum schlafen. Immer wieder denke ich darüber nach, womit ich am besten anfange. Hast du da einen Tipp für mich?

#14 Jetzt oder nie - die Zukunft beginnt genau jetzt

Du näherst Dich jetzt dem Ende Deines Urlaubs und damit gehst Du entweder zurück in Dein Hamsterrad, das in der letzten Zeit Dein Zuhause geworden ist, oder Du beginnst, Dein Leben zu verändern. Du hast jetzt eine Idee, wo und wie Verschwendung entsteht. Damit hältst Du den Schlüssel in der Hand, Dein Leben unglaublich zu bereichern und Deine Mitarbeiter ins Paradies zu führen. Der einzige Preis: Du musst jetzt den ersten Schritt tun. Und mit *jetzt* meine ich innerhalb der nächsten 72 Stunden. Denn danach werden Deine 98% immer gleichen Gedanken und alle nachfolgenden Nachrichten, Ablenkungen und kleinen Krisen gemeinsam verhindert haben, dass sich das Gehörte in Deinem Gehirn vernetzen kann.

Wenn Du den Anfang in diesem Moment verpasst, werden unsere Gespräche keine größere Bedeutung in Deinem Leben haben als eines jener Bücher, das Dir irgendjemand empfohlen hat, das Du gelesen und am Ende in Dein Regal gestellt hast. An das Du Dich zwar erinnerst, dem Du aber niemals die Kraft gegeben hast, Dein Leben wirklich zu verändern.

Und der erste Schritt eilt nicht nur, er wird Dich auch achtzig Prozent der überhaupt erforderlichen Energie kosten. Weil er ganz schüchtern und alleine im Meer Deiner Gewohnheiten und Selbstzweifel steht. Selbstzweifel, weil heute alles immer perfekt sein muss: Wir machen Sport nur mit Funktionskleidung, wir grillen nur mit dem Profigrill usw. usw. An dieser Stelle ist ausnahmsweise keine Perfektion gefragt, Du musst nur Deine Kraft sammeln und gezielt auf den ersten Schritt richten. Bist Du ihn erst einmal gegangen und hast erlebt, wie leicht es ist, einen einzelnen Schritt zu gehen, werden Dir alle nachfolgenden Schritte immer leichter fallen und am Ende wir Dir das Gehen selbst zur Gewohnheit werden.

Lila: Damit stellt sich nur noch die Frage, wie er aussieht, der erste Schritt.

Wie kann er aussehen, der erste Schritt? Es ist letztlich ganz egal, wo Du beginnst. Wenn Du Deinen Weg alleine beschreitest, beginnt die Arbeit mit dem Aufräumen und Einrichten eines übersichtlichen Arbeitsvorrats, aus dem Du nach dem Pull-Prinzip arbeitest. Danach beginnst Du damit, Verschwendung zu vermeiden, Aufgaben wirklich zu erledigen und Multitasking zu unterlassen. Am Ende hat jeder Schritt, den Du gehst, seine Berechtigung und jeder Schritt wird Dich mit einem bisschen mehr Ordnung und Zufriedenheit belohnen. In einem Team wird es außerdem lohnen, die gemeinsame Arbeit zu teilen. Und den wiederkehrenden vom überraschungsbehafteten Teil der Arbeit zu trennen und zu automatisieren.

So sehr Du Dir das auch wünscht. Es gibt kein Patentrezept und keine Musterreihenfolge. Es ist vielmehr wie eine Lotterie, bei der jedes Los gewinnt. Willst Du Dir heute mal Gedanken machen, wie Du beginnen möchtest, und damit den ersten Schritt zu Deinem ersten Schritt machen? Und morgen wird dann unser letzter Tag sein. Dann hast Du die Gelegenheit, mir noch eine Frage zu stellen. Ich bin gespannt, welche das sein wird. Ich wünsche Dir noch einen schönen Tag, Lila.

Jetzt oder nie

Lila: Können mir auch agile Methoden, Scrum oder Design Thinking helfen, von denen ich schon so viel gehört habe?

#15 New Work ist das Ergebnis und keine Maßnahme

Liebe Lila, viele Methoden werden ganz heiß gehandelt, weil sie hierarchische Führungsstrukturen abbauen und Teams die Möglichkeit zur Selbstorganisation geben sollen. Und von nicht-hierarchischem Führen heißt es, dass es gut für alle Beteiligten sei. Aber warum ist das so? Insgesamt verkehrt die Argumentation Ursache und Wirkung, denn am Anfang steht die Einsicht, dass sich um uns herum bemerkt und unbemerkt so viel ändert, dass wir nicht mehr schnell genug sind, wenn einer allein alle Entscheidungen trifft. Wir sehen junge Unternehmen, die viel schneller sind als wir selbst. Wir merken, dass wir viel mehr unserer Potentiale nutzen können, wenn Entscheidungen dort getroffen werden, wo die jeweiligen Fragestellungen entstehen. Was genaugenommen nichts Anderes ist, als die Entscheidung wieder als Teil der Aufgabe zu verstehen, so wie es vor dem Taylorismus war.

Das ist insbesondere ein Problem für Gründer, die gewohnt sind, in ihrer Firma alles mitzubekommen, alle

Probleme zu lösen oder sogar alles zu entscheiden. Sobald die Firma wächst, klappt das nicht mehr, und sie wünschen sich, „dass die Mitarbeiter Verantwortung übernehmen und so denken wie ich." Dabei gibt es in jeder Firma nur exakt einen Mitarbeiter, der so viel weiß wie der Chef, so vorausschauend agiert wie er, mitunter nur wenig verdient und dazu auch noch immer macht, was der Chef sagt: Der Chef selbst.

Es ist gerade der fortgesetzte Wunsch der Chefs, in jeder Frage zu bestimmen, *wie* die Lösung aussehen soll und wie sie bestenfalls ausgeführt wird, der die Motivation im Mitarbeiter in uns abtötet. Solche Aufgaben sind in etwa so spannend wie der Auftrag, ein vollständig ausgefülltes Sudoku-Rätsel zu lösen.

Damit steht am Anfang jeder Selbstorganisation unser eigener Macht- oder Entscheidungsverzicht oder der unseres bisherigen Führungspersonals, das wir gehätschelt und getätschelt und deshalb besonders gut bezahlt haben, weil es neben dem sozialpädagogischen Teil von Führung auch für andere gedacht, deren Krisen behoben und alle bedeutsamen Entscheidungen getroffen hat. Und im besten Fall mit gutem Beispiel vorangegangen ist.

Als dann abstinente Old-School-Entscheider beschränken wir uns ab dem Tag darauf, Vertrauen in unseren Teams zu stiften und zu fördern, Ideen einzubringen, Entscheidungsmechanismen zu schaffen, bei denen wir ausschließlich als gefragter Ratgeber fungieren, und allen Pionieren in unseren Reihen einen Schutz vor Übergriffen untoter Reflexe des bisherigen Systems zu bieten.

Für viele Chefs kommt das einem Bedeutungsverlust gleich, der ähnlich schwer zu verarbeiten ist, wie der, den Mitarbeiter bei ihrem Renteneintritt erleben. Und sie müssen ertragen lernen, dass dezentrale Entscheidungen zunächst ungewohnt sind und deshalb länger dauern. Und nach ihren Standards mitunter mittelmäßige Ergebnisse produzieren.

Aber selbst, wenn wir - der Chef und seine Vertrauten - loslassen, müssen sich auch alle anderen Beteiligten, Eigentümer, Banken, Kunden und Mitarbeiter, die mitunter in ihrem Leben nie etwas anderes kennengelernt haben, mit diesem Richtungswechsel anfreunden und ihn mitgehen. Insgesamt muss schon viel zusammenkommen, um in einer klassischen Umgebung einen Wechsel zur Selbstorganisation zu schaffen. Die Aufgabe erinnert ein bisschen an die Familientherapie einer Großfamilie - ohne Therapeuten.

Und wenn wir uns Selbstorganisation konsequent auf die Fahne geschrieben haben, folgt die Frage, wie wir uns anstelle der bekannten Muster organisieren wollen. Wie wir denn genau Entscheidungen treffen wollen, wenn es viele tun sollen, die es bisher nicht getan haben. Manche sagen, es reiche aus, Management auszutreiben und einfach so viel wie möglich bisherige Verhaltensweisen oder Aktivitäten zu unterlassen, ohne Alternativen anzubieten, welche strukturierenden Möglichkeiten es stattdessen gibt. Das ist ein Stück weit verantwortungslos. Denn dann beginnt das große Experimentieren am offenen Herzen.

Wie es seit einigen Jahren Softwareunternehmen tun, womit sie den organisatorischen Fortschritt treiben, weil sie erkannt haben, dass klassische industrielle Lösungen für ihre Aufgaben nicht geeignet sind. Inzwischen versuchen gefährdete Industrieunternehmen ihrerseits, die gefundenen Lösungen zu kopieren, um ebenfalls „agil" zu werden, ohne aber zu verstehen, worauf es wirklich ankommt. Als würde die bloße Anwendung von Methoden, die andere in ihrem Geschäft verwenden („Was"), auch uns zukünftigen Erfolg garantieren. Das ist in etwa so sinnvoll, als würde man abends seinen Hund gießen, weil es den Blumen im Garten auch guttut.

Was für eine Verschwendung, denn wir lösen seit tausenden von Jahren Aufgaben, privat oder geschäftlich, allein oder in Gruppen, und verfügen über alle erforderlichen Erfahrungen, was in welchem Kontext besonders gut funktioniert. Pull-Steuerung, bestandsorientierte Zusammenarbeit und alle anderen Prinzipien, von denen ich Dir in den vergangenen zwei Wochen erzählt habe, sind in Produktion und Logistik sehr weit verbreitet, Du musst sie nur noch in Deinem Büro anwenden, um ebenso erfolgreich zu sein.

Damit wirst Du drei Dinge gewinnen: Du wirst schneller bessere Ergebnisse erreichen, und Deine Mitarbeiter werden zufriedener sein mit dem größeren Spielraum, insbesondere aber mit dem persönlichen Wachstum, das sie erleben. Und ihr werdet mehr leisten können und dürfen. Und dann werden sie auch weiter für Dich arbeiten, denn bedenke, jeder hat heute die Möglichkeit, seine besonderen Talente weltweit selber zu vermarkten. Viele sind sich dessen noch nicht bewusst. Aber sobald ihre Unzufriedenheit überhandnimmt, werden sie sich neue Herausforderungen suchen oder gar selbständig machen.

Liebe Lila, wir werden heute abreisen, es war mir eine Freude, mir Dir in meine Vergangenheit und Deine Zukunft zu reisen. Ich hoffe, unsere Gespräche helfen Dir, klar und selbstbestimmt zu denken, Deine Herausforderungen zu bestehen und Deinen Arbeitsalltag erfolgreich zu meistern. Sag mir doch zum Abschied noch, was ist das, was Du mitnimmst, weil es Dich in den vergangenen Tagen am meisten begeistert hat?

Lila lächelte: Auf jeden Fall kenne ich jetzt den Weg, der direkt vom Hamsterrad ins Paradies führt.

Am Faszinierendsten finde ich die Erkenntnis, ...

**

Dies ist Ihr Anfang

New Work ist ein Ergebnis und keine Maßnahme

Nachwort

Überall dort, wo wir erkennen, dass die effizienzgetriebe-
ne Spezialisierung des Industrialisierungszeitalters inzwischen eine Angelegenheit für Maschinen ist, und wo
wir uns entscheiden, endlich wieder zusammenzuarbeiten
und zusammen zu arbeiten, werden wir Bestände beherr-
schen lernen, uns mit Leidenschaft freiwillig um immer
etwas andere Aufgaben kümmern, uns weiterentwickeln
und gemeinsam ungeahnte Erfolge erzielen, auf die wir
stolz sein werden. Wir werden Arbeit teilen und ebenso
Zeit für jede einzelne unserer Aufgaben haben wie für
jeden Menschen, dem wir begegnen. Und damit werden
wir automatisch auch Spaß an unserer Arbeit finden.

So wie Lila Leiter, die inzwischen die Position ihres Chefs
übernommen hat und von vielen bereits als nächster CEO
ihrer Firma gesehen wird. Für Benno Büroni war der Urlaub mit Lila ein wahrer Jungbrunnen. Er fasste ihre Gespräche in einem Buch zusammen, das er unter dem Titel
Los mit lustig veröffentlichte. Es wurde in kürzester Zeit
zum Bestseller und verschaffte ihm landesweit Beach-
tung. Und wenn beide nicht gestorben sind, sind sie noch
heute lustig und produktiv in ihren Büros.

Der Autor

Ingo Körner ist Diplom-Kaufmann und Executive MBA in Business Engineering (HSG). Nachdem er über zwanzig Jahre in verschiedenen Funktionen im Maschinenbau tätig war, stets mit organisatorischem Schwerpunkt und großer Experimentierfreude, hat er seine Erfahrungen 2016 in seinem Buch Denkarbeit zusammengefasst und veröffentlicht. 2017 hat er sich selbständig gemacht und verhilft gemeinsam mit seiner Kollegin Dr. Angela Kurylas-Schneider, die mit viel Liebe die Illustrationen für dieses Buch gezeichnet hat, seinen Kunden auf ihrem Weg in das digitale Zeitalter mit New Work-Lösungen zu mehr Mensch, mehr Zeit und mehr Gewinn.

Und? Womit fangen Sie an?

Zeitfracht Medien GmbH
Ferdinand-Jühlke-Straße 7
99095 Erfurt, Deutschland
produktsicherheit@kolibri360.de